Carlsen Klartext **Feminismus**

© Simon Kratzer

Juliane Frisse hat in Berlin Soziologie und Politikwissenschaft studiert und wurde an der Deutschen Journalistenschule in München ausgebildet. Seit September 2017 ist sie Redakteurin bei Zeit Online. Davor hat sie beim Bayerischen Rundfunk, bei jetzt.de und beim Dummy Verlag gearbeitet, zuletzt als redaktionelle Leitung für fluter.de. Für ein Radiofeature über das Frauenbild im Film wurde sie mit dem Juliane Bartel Medienpreis ausgezeichnet.

Juliane Frisse

Feminismus

Außerdem in der Reihe *Carlsen Klartext* lieferbar:
Demokratie
Nachhaltigkeit
Extremismus
Schule und dann? Berufsfindung

Mit Fragen zur Produktsicherheit wenden Sie sich bitte an:
carlsen.de/kontakt

Originalausgabe
Veröffentlicht in der Carlsen Verlag GmbH
Völckersstraße 14-20, 22765 Hamburg
April 2019

Lektorat: Franziska Leuchtenberger
Faktencheck: Kathrin Lilienthal, Recherchehaus
Umschlagabbildungen: shutterstock.com © zizi_mentos/lemonade serenad/cactus studio
Umschlaggestaltung und Innenillustrationen: formlabor
Layout: Frederik Rettberg
ISBN 978-3-551-31744-5

Inhalt

EINLEITUNG

Feminismus? Brauchen wir den denn heute noch?

Feminismus steckt mir in den Knochen, und wenn ich Dinge höre oder sehe, dass Leute auf Frauen in einer bestimmten Weise reagieren, habe ich sehr wenig Toleranz.[1]

Gillian Anderson, geboren 1968, Schauspielerin

Sehr viele Menschen sind in den vergangenen Jahren für Frauenrechte auf die Straße gegangen: Etwa vier Millionen Menschen schlossen sich am 21. Januar 2017 den »Women's Marches« in den USA an.[2] Am Weltfrauentag 2017 protestierten in Argentinien 200000 Frauen.[3] Und in Spanien nahmen 2018 sogar 5,3 Millionen Frauen an einem weiblichen Generalstreik teil.[4]

Vielleicht überrascht dich das, weil du bisher dachtest: So schlecht kann es um die Frauenrechte nicht stehen. Und wenn doch, dann ist doch zumindest in Deutschland alles gut! Denn stehen Mädchen und Frauen bei uns nicht alle Türen offen, können sie nicht alles werden, was sie wollen? Schließlich heißt es ja in Artikel 3 des Grundgesetzes: »Männer und Frauen sind gleichberechtigt.« Und wird Deutschland nicht auch schon seit 2005 von einer Bundeskanzlerin regiert?

Es stimmt zwar, dass Frauen und Männer in Deutschland auf dem Papier gleichberechtigt sind. Zum Glück. Aber nur weil Frauen hierzulande wählen dürfen (seit 1918), nach einer Hochzeit ihren Namen behalten (seit 1976[5]) und ohne die Erlaubnis ihres Ehemannes ein Konto eröffnen (seit 1962[6]), haben wir noch lange keine Geschlechtergerechtigkeit erreicht. Angela Merkel ist zwar Bundeskanzlerin – sie ist aber auch die einzige Frau, die jemals dieses Amt bekleidet hat. Eine Bundespräsidentin, gar eine UN-Generalsekretärin, gab es noch nie, und die deutschen Gesetze werden vor allem von Männern gemacht: Unter den Abgeordneten im Bundestag liegt der Frauenanteil nur bei knapp 31 Prozent.[7]

So entstehen nicht unbedingt Gesetze, die weiblichen Bedürfnissen gerecht werden: Wenn beispielsweise eine Frau ungewollt schwanger wird, kann sie auch heute noch nicht legal, sondern nur straffrei einen Schwangerschaftsabbruch vornehmen lassen – und vorher wird es ihr schwer gemacht, herauszufinden, wer einen solchen Eingriff durchführt, weil Ärztinnen und Ärzte darüber nicht informieren dürfen.[8]

Auch jenseits der Politik, im alltäglichen Leben, liegt vieles im Argen. Das Klischee, Mädchen hätten kein Talent für Mathematik und Naturwissenschaften, ist nicht totzukriegen. Im Gegenteil: Vor ein paar Jahren verkaufte ein großer Modehändler ein T-Shirt für Mädchen mit der Aufschrift »In Mathe bin ich Deko«[9]. Doch nicht nur *was* auf T-Shirts steht, sondern auch *wie* wir schreiben und reden, ist ein Problem. Unsere Sprache bevorzugt eindeutig Männer. Wir sprechen von Wissenschaftlern und Piloten – und Frauen, die forschen oder Flugzeuge steuern, sollen sich mitgemeint fühlen.

Auch Arbeit und Geld sind in unserer Gesellschaft noch sehr ungerecht verteilt. Wer kocht und putzt zu Hause, wer kümmert sich ums Baby und pflegt die bettlägerigen Großeltern? Das alles ist unbezahlte Arbeit, die auch heute noch meistens von Frauen erledigt wird. Gleichzeitig verdienen sie im Beruf weniger als ihre männlichen Kollegen. Faszinierend, dass Rasierer, Parfums und Haarschnitte für Frauen trotzdem teurer sind als die gleichen Dinge für Männer.

Vielleicht, weil Mädchen und Frauen eher bereit sind, für ihr Aussehen Geld auszugeben. Schließlich ist der Druck, schön zu sein, für sie besonders hoch. Ein weiteres Problem dabei: Das weibliche Körperideal ist unrealistisch dünn. Obwohl drei von vier Mädchen zwischen 11 und 15 Jahren normalgewichtig sind und sogar fast jede fünfte Untergewicht hat[10], findet sich die Hälfte aller 15-jährigen Mädchen zu dick.[11] Im Alter von 17 Jahren hat jedes zweite Mädchen schon mal eine Diät gemacht[12] (bei den Jungen sind es elf

Prozent). Am weiblichen Körper gibt es immer etwas zu kritisieren: Auf dem typischen Cover eines Klatschmagazins geht es darum, ob eine Prominente zu dick ist (Kummerspeck!) oder zu dünn (Magerschock!) – auf keinen Fall aber ist ihre Figur okay so, wie sie eben ist.

Es ist noch nicht lange her, da galt Feminismus vielen als verstaubt, als etwas, das junge Frauen nicht mehr brauchen. Gerade ist das anders – sich zur Gleichberechtigung zu bekennen gilt als cool. Popstars wie Beyoncé nennen sich Feministinnen. Doch Coolness allein schafft keine Gleichberechtigung: Die Modemarke Monki hat beispielsweise Beanies und Notizbücher im Sortiment, auf denen »Feminist« steht. Damit lässt sich zwar die eigene feministische Haltung in Szene setzen. An den furchtbaren Arbeitsbedingungen der Frauen, die in Ländern wie Bangladesch die billige Fast Fashion von Monki und anderen Firmen nähen[13], ändert eine Statement-Mütze aber rein gar nichts.

Was sich alles ändern muss, damit wir in einer geschlechtergerechten Gesellschaft leben, und auch, was du dafür tun kannst – darum geht es in diesem Buch. Aber auch darum, welche Ungerechtigkeiten die feministische Bewegung bereits erfolgreich bekämpft hat. Und was sich eigentlich genau hinter Begriffen wie »Gender«, »Sexismus« und »Patriarchat« verbirgt, die im Zusammenhang mit Feminismus immer wieder fallen, erfährst du ebenfalls.

Ach ja: In diesem Buch wird es viel um »Frauen« und »Männer«, um »Mädchen« und »Jungs« gehen. An diesen Kategorien gibt es in der feministischen Bewegung unter anderem deshalb Kritik, weil sich viele Menschen darunter nicht einordnen wollen oder können (dazu mehr in Kapitel 3). Doch da unsere Gesellschaft die Menschen nun mal in Männer und Frauen unterteilt und so bestimmte Nachteile und Diskriminierungen entstehen, ist es oft am einfachsten, von zwei Geschlechtern zu sprechen, um die Ungerechtigkeiten zu benennen.

KAPITEL EINS

Der Kampf um Gleichberechtigung: Was ist Feminismus?

Feminismus ist die radikale Auffassung,
dass Frauen Menschen sind.[1]

Marie Shear (1940–2017), Autorin, Journalistin und Aktivistin.[2]

Beim Wort *Feminismus* denken Menschen an ganz unterschiedliche Dinge: an die *#MeToo*-Debatte, den Weltfrauentag oder den Kampf gegen die unterschiedliche Bezahlung von Männern und Frauen. An Emma Watson oder an die pinken »Pussy Hats«, die Protestierende bei Frauenrechtsdemos tragen. An das Recht auf Abtreibung, eine Frauenquote für Führungspositionen oder an Alice Schwarzer. All diese Assoziationen haben tatsächlich auch etwas mit Feminismus zu tun. Aber: Es ließen sich auch noch ganz viele andere Punkte ergänzen! Denn Feminismus ist vielfältig. So vielfältig, dass manche sagen, richtiger wäre es, von *Feminismen* zu sprechen.

Bei allen Strömungen des Feminismus geht es darum, die Gleichberechtigung von Männern und Frauen, oder besser: die *Gleichberechtigung der Geschlechter* zu erzielen. Feminismus ist also eine politische Bewegung, die die Gesellschaft verändern will. Bloß wie diese Gleichberechtigung konkret aussieht und wie wir das Ziel einer gleichberechtigten Gesellschaft erreichen, dazu haben Feministinnen und Feministen sehr unterschiedliche und manchmal auch gegensätzliche Ansichten. Manche wollen zum Beispiel einfach etwas mehr Frauenförderung durch Staat und Unternehmen. Andere glauben, dass Frauenquoten nur Verbesserungen für Frauen aus der Mittel- und Oberschicht bewirken, und stellen radikalere Forderungen: Sie glauben, dass wahre Gleichberechtigung nur möglich ist, wenn der Kapitalismus verschwindet.[3] Manche träumen auch von künstlicher Fortpflanzung, sodass Frauen Mütter werden können, ohne neun Monate Schwangerschaft und eine Geburt durchleben zu müssen.[4]

FEMINISMUS UND FRAUENEMANZIPATION

Der Begriff Feminismus kommt aus dem Französischen. Ab etwa 1890 wurde das Wort *féminisme* in Frankreich vermehrt verwendet, abgeleitet von *femme*, dem französischen Wort für Frau. Daraus wurde im Deutschen dann Feminismus. Die Endung »-ismus« wiederum kennzeichnet häufig politische Ideen, Geisteshaltungen und soziale Bewegungen: zum Beispiel Liberalismus, Sozialismus, Anarchismus oder eben Feminismus.[5] In Deutschland war es lange Zeit üblicher, von *Frauenemanzipation* als von *Feminismus* zu sprechen. Das änderte sich erst in den vergangenen Jahrzehnten.[6]

Feminismus steht also nicht für ein fixes inhaltliches Programm, sondern vor allem für die Überzeugung, dass wir die Gesellschaft durch die »Geschlechterbrille« betrachten müssen, um Ungerechtigkeiten zu sehen und Gleichberechtigung zu erstreiten. Denn dass unsere und andere Kulturen zwischen verschiedenen Geschlechtern unterscheiden – oft zwischen genau zwei Geschlechtern, Männern und Frauen[7] –, beeinflusst viele Dinge: wie wir als Menschen leben, wie wir handeln, wer Macht hat und wer nicht.

P wie Patriarchat

Im Zusammenhang mit Macht fällt im Feminismus auch oft der Begriff *Patriarchat*. Der Begriff taucht auf feministischen Plakaten und Stickern auf, etwa im Spruch »Kein Gott, kein Staat, kein Patriarchat«, zum Teil aber auch auf Englisch: Dort heißt es dann beispielsweise »Smash the Patriarchy« (»Zerschmettert das Patriarchat«) oder auch »I'll be a post-feminist in the post-patriarchy« (in etwa: »Solange das Patriarchat existiert, werde ich Feministin bleiben«). Was genau verbirgt sich hinter diesem Patriarchat? Im wörtlichen Sinne meint Patriarchat die »Herrschaft der Väter«. Der Begriff beschreibt eine Gesellschaftsform, in der Männer mehr Macht haben als Frauen, ein System, in dem das Männliche über dem Weiblichen steht. Gerechtfertigt wird das mit angeblichen, »naturgegebenen« Unterschieden zwischen Männern und Frauen und ihren daraus resultierenden Rollen in der Gesellschaft (dazu mehr in Kapitel 3).

Der Feminismus kämpft für die Abschaffung des Patriarchats. Denn auch in modernen, emanzipierten Gesellschaften, in denen Frauen den Männern rechtlich gleichgestellt sind, finden sich allerorts patriarchale Strukturen. Es besteht weiter ein Machtgefälle: Männer haben viel mehr zu sagen. Deutschland beispielsweise wird zwar von einer Kanzlerin regiert. Die wichtigsten Positionen in Wirtschaft und Politik besetzen ansonsten aber vor allem Männer. Ob BASF, Deutsche Telekom, Volkswagen oder SAP, kein einziges der 30 größten börsennotierten Unternehmen in Deutschland hat eine Frau an der Spitze.[8] Männer haben auch mehr Besitz als Frauen. 2012 übertraf das durchschnittliche Männervermögen ein durchschnittliches Frauenvermögen in Deutschland um 27000 Euro.[9] Die acht reichsten Männer der Welt besitzen zusammen so viel wie die ärmere Hälfte der Weltbevölkerung.[10]

Ein besonders deutliches Symbolbild für ein fortexistierendes patriarchales System ist das berühmte Foto, mit dem Horst Seehofer im März 2018 die Führungsriege des Heimatministeriums vorstellte: Seehofer hatte ausschließlich Männer in sein Ministerium berufen.[11] Oft aber sind patriarchale Muster nicht ganz so offensichtlich wie auf diesem Bild.

Den Begriff »Patriarchat« finden nicht alle, die sich im Feminismus engagieren, gut.[12] Er ist manchen zu ungenau oder sie empfinden ihn als nicht mehr passend für eine Gesellschaft, in der Frauen nicht komplett von Machtpositionen ausgeschlossen sind. Deshalb sprechen sie lieber von einer »männlich dominierten Gesellschaft« oder »hegemonialer Männlichkeit«, meinen aber das Gleiche: das Machtgefälle zwischen den Geschlechtern.[13]

S wie Sexismus

Sexismus ist das Instrument, mit dem dieses Machtverhältnis verteidigt wird – mit dem also der ungleiche gesellschaftliche Status von Männern und Frauen aufrechterhalten wird, den der Feminismus kritisiert. Für den Begriff Sexismus gibt es zwei unterschiedliche Definitionen: Der einen zufolge steht Sexismus für *die Benachteiligung oder Diskriminierung eines Menschen aufgrund seines biologischen Geschlechts* (zum Thema Geschlecht mehr in Kapitel 3). Das heißt, auch Frauen können sich gegenüber Männern sexistisch verhalten.[14] Wer den Begriff so definiert, meint damit in der Regel aber die Diskriminierung von Mädchen und Frauen, denn sie sind schon immer stärker davon betroffen gewesen.[15] Der zweiten Definition zufolge ist Sexismus das *Zusammenspiel von geschlechtlicher Diskriminierung und Machtungleichheit.* Nach diesem Verständnis kann es also keinen Sexismus gegenüber Männern geben, da sie in unserer Gesellschaft mehr Macht haben als Frauen.

Sexismus kommt überall vor: im Alltag, in der Schule, an der Uni, im Berufsleben oder auch in der Werbung. Er zeigt sich auf unterschiedliche Art und Weise: So handelt zum Beispiel ein Chef sexistisch, wenn er in seinem Unternehmen immer nur Männer befördert, weil er glaubt, dass Frauen dafür nicht durchsetzungsfähig genug seien – oder weil er davon ausgeht, dass sie eh in Kürze schwanger werden.

SEXISMUS HAT NICHTS MIT SEX ZU TUN

Der Begriff Sexismus wurde in der US-amerikanischen Frauenbewegung der 1960er-Jahre geprägt. Dort sprach man von *sexism* – in Anlehnung an *racism*, den Begriff für Rassismus – um Diskriminierungen aufgrund des biologischen Geschlechts (auf Englisch *sex*) besser fassen zu können.[16] Mit Sex im Sinne des deutschen Wortes für Geschlechtsverkehr und sexuelle Handlungen hat Sexismus zunächst mal nichts zu tun.

Oft zeigt sich Sexismus in Form von Sprüchen, die Mädchen und Frauen abwerten oder auf ihr Aussehen reduzieren: »Ihr Mädchen habt halt keine Ahnung von Physik«, »Achtung, Frau am Steuer« oder »Trag du doch unser Gruppenreferat vor, dann haben die Zuhörer auch was Schönes zum Angucken«. Das alles trieft vor Sexismus. Denn selbstverständlich gibt es Mädchen, die ein Talent für Physik haben, und Frauen, die Autos geschickt in die engste Parklücke manövrieren. Und wenn ein Mädchen einen Vortrag halten soll, weil es dann etwas zum Gucken gibt (für ihre heterosexuellen männlichen Zuhörer), ist die unterschwellige Botschaft: Ob du kompetent bist, ist egal, Hauptsache, du siehst gut aus.

Der ganz offensichtliche Sexismus der Marke »Frauen gehören an den Herd« ist heute zwar seltener geworden[17] – aber nur, weil Sexismus oft nicht mehr so plump daherkommt, heißt das nicht, dass es ihn nicht mehr gibt. Ein Beispiel für *modernen Sexismus* ist der Satz »Frauen wollen doch gar keine Karriere machen«. Dahinter verbirgt sich die Annahme, dass Frauen heute nicht mehr diskriminiert werden im Berufsleben, sondern es an ihnen selber liegt, dass Männer die Führungsetagen dominieren.[18]

Sexismus hat aber noch mehr Gesichter. Zum einen tarnt er sich gerne als *Kavaliersgeste* – die Wissenschaft nennt das *wohlmeinenden Sexismus*: Wenn etwa eine Frau ungefragt von einem Mann ein Programm auf ihrem Computer installiert bekommt und er das mit den Worten begründet »Du als Frau musst dich doch mit so was nicht herumschlagen«, hat das auch eine sexistische Note: Ach, Technik, davon verstehen Frauen ja nichts! Wohlmeinender Sexismus hebt Mädchen und Frauen oft auf ein Podest, betont, dass sie besonders gut mit Kindern umgehen können, so mitfühlend sind, aber als zarte Wesen auch beschützt werden müssen. Damit legt er sie aber auch auf die klassisch weibliche – und machtlose – Rolle fest.[19] Der wohlmeinende Sexismus ist nicht immer leicht zu erkennen: Ein Hilfsangebot kann ja tatsächlich nett gemeint sein.[20]

Zum anderen kommt Sexismus auch häufig als Witz daher. Dann heißt es zum Beispiel: Was muss unbedingt mit auf eine einsame Insel? Eine Frau zum Kochen! Ein vermeintlicher Brüller – der Geschlechterklischees zu zementieren hilft. Sexistische Bemerkungen werden im Nachhinein auch gerne negiert. Dann heißt es, das sei doch nur ein Spaß und ironisch gemeint gewesen. Der sexistische Witz ist besonders perfide: Es fällt nicht leicht, etwas gegen ihn zu sagen, niemand möchte als humorlos gelten. Also lachen viele lieber mit, auch wenn sie den Spruch überhaupt nicht lustig fanden.[21]

Feministische Vielfalt

Feminismus ist kein Verein mit Satzung, Regeln und Mitgliedsausweis. Feminismus ist eine soziale Bewegung und deshalb gibt es viele unterschiedliche Strömungen: etwa den Netzfeminismus, Queerfeminismus, marxistischen Feminismus, sexpositiven Feminismus, Ökofeminismus, Popfeminismus, intersektionalen Feminismus ... Diese Reihe ließe sich noch eine ganze Weile fortsetzen.

Manche Spielarten des Feminismus sind sich sehr ähnlich, oft gibt es aber auch große Unterschiede zwischen den Feminismen und teilweise stehen sie sogar für gegensätzliche Ideen. Weil es so viele verschiedene Arten Feminismus gibt und auch immer wieder neue Richtungen dazukommen, werden hier nur die beiden Hauptströmungen des Feminismus genauer vorgestellt, unter die sich viele, wenn auch nicht alle anderen Feminismen einordnen lassen:[22] der Gleichheitsfeminismus und der Differenzfeminismus.[23] Im gemeinsamen Kampf für die Gleichberechtigung trennt

Gleichheits- und Differenzfeminismus nämlich eine zentrale Frage: Welche Unterschiede gibt es zwischen den Geschlechtern?

SIMONE DE BEAUVOIR (1908–1986)

1949 veröffentlicht die französische Philosophin und Schriftstellerin Simone de Beauvoir das Buch »Das andere Geschlecht«. Es soll eines der wichtigsten feministischen Werke und die Bibel der zweiten Welle des Feminismus werden. Vor allem ein Satz aus »Das andere Geschlecht« ist bis heute berühmt: »Man kommt nicht als Frau zur Welt, man wird es.« Er drückt in wenigen Worten einen zentralen Gedanken de Beauvoirs aus: Frausein ist keine biologische, sondern eine soziale Tatsache. Mit ihrem Lebensgefährten, dem Philosophen Jean-Paul Sartre, bildet de Beauvoir über Jahrzehnte das berühmteste Intellektuellen-Paar der Welt: Von ihrem Kennenlernen an der Universität bis zu seinem Tod im Jahr 1980 führen die beiden eine offene Beziehung. Die Ehe, die Sartre ihr anbietet, lehnt de Beauvoir als »beschränkende Verbürgerlichung« ab.

Der *Gleichheitsfeminismus* betont die grundsätzliche Gleichheit von Männern und Frauen und wendet sich gegen die Idee einer »weiblichen Natur«. Biologische Unterschiede? Spielen keine oder nur eine untergeordnete Rolle.

Der Gleichheitsfeminismus vertritt die Ansicht, dass existierende Unterschiede zwischen Männern und Frauen in der Sozialisation begründet sind – also darin, dass die Gesellschaft ihre weiblichen und männlichen Mitglieder von Anfang an anders behandelt und ihnen je nach Geschlecht eine Rolle zuweist. Diese unterschiedliche Behandlung beginnt schon mit rosa Stramplern für Mädchen und blauen Stramplern für Jungen – und dann folgen bald Kinderbücher, in denen Männer bei der Feuerwehr sind und Brände löschen oder als Piloten im Cockpit sitzen, während Frauen den Kinderwagen schieben oder am Herd stehen.[24] Erziehung, Medien, Schule, die Erwartungen anderer Menschen: All das macht uns erst zu typischen Frauen und Männern, glaubt der Gleichheitsfeminismus. Deshalb können wir diese Unterschiede auch überwinden.

Der *Differenzfeminismus* dagegen geht davon aus, dass die Geschlechter grundsätzlich verschieden sind: Männer und Frauen sind nicht gleich, aber gleichwertig. Das Problem sind also nicht die Unterschiede zwischen den Geschlechtern, sondern dass wir in einer männlich geprägten Gesellschaft leben, in der auf die Eigenschaften und Bedürfnisse von Frauen keine Rücksicht genommen und Weibliches abgewertet wird. Aus differenzfeministischer Perspektive ist es auf dem Weg zur Gleichberechtigung zentral, die gesellschaftliche Ordnung und ihre männlich geprägten Normen zu hinterfragen, statt zu versuchen, Frauen für eine männliche Welt passend zu machen: Warum werden eigentlich typische Frauenberufe wie Erzieherin schlechter entlohnt als typische Männerberufe? Und sollte sich nicht eher etwas an der finanziellen Wertschätzung dieser Arbeit ändern, statt zu versuchen, Mädchen und junge Frauen für technisch-naturwissenschaftliche Berufe zu begeistern?

Im Feminismus sind also längst nicht immer alle einer Meinung, auch wenn sie das gemeinsame Ziel der Gleichberechtigung verbindet.

KAPITEL ZWEI

Eine sehr kurze Geschichte der Frauenbewegung

Ich bin nicht frei, solange irgendeine Frau unfrei ist, auch wenn ihre Fesseln sich sehr von meinen eigenen unterscheiden.[1]

Audre Lorde (1934–1992), Schriftstellerin und Aktivistin

Heute erscheint es vielleicht als eine Selbstverständlichkeit, dass Frauen wählen, studieren und Karriere machen können. Doch das mussten Generationen mutiger Frauen erst erkämpfen. In den vergangenen knapp zweieinhalb Jahrhunderten haben sie viele Fortschritte erstritten. Manchmal wurden Frauen dabei auch von Männern unterstützt. Oft aber begegneten diese den Feministinnen mit Ablehnung und Unverständnis.

Einige der mutigen Frauen und die Kämpfe, an denen sie teilnahmen, werden hier schlaglichtartig vorgestellt.[2] Es geht unter anderem um die erste richtige Menschenrechtserklärung, Aktivistinnen im Hungerstreik und um feministisches Gemüse.

VON WELLE ZU WELLE

Heute wird die Geschichte des Feminismus in Europa und den USA meistens in Wellen beschrieben: eine Perspektive, die zwischen drei oder neuerdings vier Wellen unterscheidet. Jede Welle steht für eine Epoche sowie typische Debatten und Ideen dieser Zeit. Natürlich gab es aber auch zwischen den Wellen feministisches Engagement – und während einer Welle dachten auch nicht alle das Gleiche.

Die *erste Welle* der Frauenbewegung (etwa von der Französischen Revolution 1789 bis zum Ende des Ersten Weltkriegs 1918) kämpfte vor allem für die rechtliche Gleichstellung der Geschlechter, insbesondere für das aktive und passive Wahlrecht, das Recht auf Erwerbsarbeit und – damit verbunden – gleiche Bildungschancen.

Feministinnen der *zweiten Welle* (1960er- bis 1980er-Jahre) forderten Selbstbestimmung: über das eigene Leben, den eigenen Körper, die eigene Sexualität. Eines der großen Themen dieser Zeit war das Recht auf eine straffreie Abtreibung.[3]

Die *dritte Welle* (1990er- und 2000er-Jahre) des Feminismus zeichnet sich vor allem durch ihre Vielfalt aus[4] – und die Erkenntnis, dass das Versprechen vollständiger Gleichberechtigung nicht eingelöst wurde. Sie kritisierte unrealistische Schönheitsnormen und Geschlechterstereotype in Filmen, Serien und Computerspielen. Aushängeschild und wichtiger Impuls-

geber der dritten Welle ist die im Punk verwurzelte »Riot Grrrls«-Bewegung aus den USA.[5]
Der Feminismus der Gegenwart, womöglich der Beginn einer *vierten Welle*, ist im Netz präsent, aber auch auf der Straße: Online wird über *#MeToo* und *#Aufschrei* diskutiert, offline bei Slutwalks und Women's Marches demonstriert.[6] Zwei Themen, die heute den Feminismus prägen, sind Sexismus und sexualisierte Gewalt.

Erste Welle

1791: Die erste universale Menschenrechtserklärung von Olympe de Gouges[7]

Alle Menschen sind gleich – diese Idee der Aufklärung verbreitete sich im 18. Jahrhundert in Europa und prägte auch die Französische Revolution. 1789 verkündete die Französische Nationalversammlung die »Erklärung der Menschen- und Bürgerrechte«. Doch die Rechte der Frauen standen weder in diesem Manifest noch generell auf der revolutionären Agenda. »Freiheit, Gleichheit, Brüderlichkeit« – schon die Parole der Französischen Revolution zeigte: Gleich sollten erst mal nur die Brüder sein. Schwestern blieben ausgeschlossen.

Die Künstlerin und Aktivistin Marie Gouze, besser bekannt als Olympe de Gouges, veröffentlichte daraufhin einen Gegenentwurf zur Erklärung der Nationalversammlung: eine Deklaration, die auch Frauen einschloss. Olympe de Gouges' »Erklärung der Rechte der Frau und Bürgerin« von 1791 war damit die erste tatsächlich universale Menschenrechtserklärung. »Die Frau hat das Recht, das Schafott zu besteigen; sie muss gleichermaßen das Recht haben, die Rednertribüne zu besteigen«, schrieb de Gouges. Sie, die auf die Tribüne stieg und die Gleichberechtigung der Geschlechter forderte, landete am Ende selbst auf dem Schafott. 1793 wurde sie unter dem Terrorregime der Jakobiner hingerichtet.

1849: Die »Frauen-Zeitung« von Louise Otto-Peters und zwei separate Frauenbewegungen[8]

Feministinnen waren sich nicht immer einig in ihren Zielen, das zeigt sich auch in der Geschichte der deutschen Frauenbewegung. Im Oktober 1865 trafen sich in Leipzig bürgerliche Frauen, um gemeinsam für ihre Interessen einzutreten. Sie gründeten den *Allgemeinen Deutschen Frauenverein* (ADF). Erste Vorsitzende wurde die Schriftstellerin und Journalistin Louise Otto-Peters, die bereits 1849 die »Frauen-Zeitung« gegründet hatte. In ihren Artikeln setzte sich Louise Otto-Peters nicht nur mit der Situation von Frauen auseinander. Sie beschäftigte sich auch mit der sozialen Frage und prangerte die Bedingungen an, unter denen Arbeiterfamilien leben mussten.[9] So viel Kritik an den herrschenden Verhältnissen kam nicht gut an. Um Otto-Peters mundtot zu machen, wurde in Sachsen eigens ein Gesetz beschlossen: Die sogenannte Lex Otto untersagte Frauen, politische Zeitungen herauszugeben.[10]

SOJOURNER TRUTH (1797–1883)

Die Afroamerikanerin Sojourner Truth wird im US-Bundesstaat New York als Sklavin geboren. Sie trägt zunächst den Namen Isabella. Während ihrer Kindheit wird sie mehrmals an neue Besitzer verkauft. Später entkommt sie der Sklaverei, arbeitet zunächst als Hausangestellte, wird Wanderpredigerin und gibt sich selbst ihren neuen Namen. Ihre Freiheit nutzt Sojourner Truth, um sich für die Abschaffung der Sklaverei und das Frauenwahlrecht einzusetzen. Mit ihrer nachträglich »And ain't I a woman?« betitelten Rede schreibt sie Geschichte: Sie stellt die Frage »Und bin ich denn keine Frau?« und fordert damit die weißen Frauenrechtlerinnen auf, auch für die Rechte schwarzer Frauen zu kämpfen. Ob Sojourner Truth diese Frage tatsächlich exakt so formuliert hat, wird heute aber bezweifelt: Denn warum sollte eine im Bundesstaat New York unter Niederländisch sprechenden Besitzern aufgewachsene Frau im Südstaaten-Dialekt sprechen?

Mit ihrem Interesse für die Probleme der Arbeiterinnen bildete Otto-Peters eine Ausnahme. Der ADF und der Großteil der bürgerlichen Frauenbewegung traten vor allem für Bildungschancen sowie das Recht auf Arbeit und freie Berufswahl ein. Bürgerliche Frauen wollten zunehmend einer bezahlten Arbeit nachgehen, aber nur wenige Berufe standen ihnen offen. Ärztin, Rechtsanwältin oder Professorin konnten sie beispielsweise nicht werden, weil ihnen der Zugang zu höheren Schulen und Universitäten verschlossen war. Und in der Fabrik zu schuften galt nicht als respektable Tätigkeit für bürgerliche Frauen.[11] Zum Teil hatten Arbeiterinnen ähnliche Probleme wie Frauen aus dem Bürgertum. Im Zuge der Industrialisierung arbeiteten nämlich immer mehr Frauen in den Fabriken, zum Ärger vieler männlicher Kollegen. Arbeiter und ihre Gewerkschaften beschimpften die Frauen als »Schmutzkonkurrenten« und forderten ein Verbot oder zumindest die Einschränkung weiblicher Fabrikarbeit: Frauen waren billige Arbeitskräfte und verdrängten die besser bezahlten Männer. Doch die übereinstimmenden Interessen der proletarischen und der bürgerlichen Frauen, ihr Recht auf Arbeit und gleiche Bezahlung gegen männliche Widerstände durchzusetzen, führten nicht dazu, dass sie gemeinsam für Verbesserungen stritten. Zu groß waren die Unterschiede: Die proletarische Frauenbewegung war revolutionär gesinnt, sie kämpfte nicht nur gegen die Unterdrückung der Frau, sondern auch gegen den Kapitalismus. Die Anhängerinnen der bürgerlichen Frauenbewegung drängten dagegen auf Reformen innerhalb des Systems. An Klassenkampf hatten sie kein Interesse.[12]

1913: Taten statt Worte – der Kampf der Suffragetten[13]

Den Kampf für das Recht zu wählen führten Großbritanniens Feministinnen über viele Jahrzehnte. Die Aktivistinnen nannte man Suffragetten, nach dem englischen Wort »suffrage« für Wahlrecht, und sie wurden für ihre rabiaten

Methoden bekannt. Ihr Protest begann zunächst friedlich, mit ersten Flugblättern in den 1840er-Jahren. Sie demonstrierten, veröffentlichten Artikel und schrieben Briefe an Abgeordnete.

Doch da dieses Engagement keinen Erfolg brachte, setzten die radikaleren Aktivistinnen auf militanten Protest. Die Suffragetten warfen Schaufensterscheiben ein, kappten Telefonleitungen, ketteten sich an Bahngleise, verübten Bombenanschläge und griffen Politiker an: Eine Suffragette attackierte den späteren Premierminister Winston Churchill mit einer Hundepeitsche. In Cambridge wurde einem Politiker eine tote Katze ins Gesicht geworfen. Viele Aktivistinnen landeten im Gefängnis. Dort traten sie, um ihren Protest fortzusetzen, in den Hunger- und Durststreik.

Auch die Suffragette Emily Davison kam wegen Brandstiftung ins Gefängnis und trat dort in den Hungerstreik. Sie wurde zur Märtyrerin der Bewegung, denn sie starb 1913, als sie bei einem Pferderennen in Epsom für das Wahlrecht demonstrierte: Davison trat auf die Rennbahn und geriet unter das herangaloppierende Pferd des Königs. Einige Tage später erlag sie ihren schweren Verletzungen. Es ist unklar, ob es sich um einen Unfall handelte oder ob

Davison einen Suizid geplant hatte. Ihr Grabstein bekam die Inschrift: »Taten statt Worte«.[14]

Bei Ausbruch des Ersten Weltkriegs stellte sich die WSPU (*Women's Social and Political Union*), die Organisation der Suffragetten, allerdings hinter die Regierung und beendete sämtliche Aktionen für das Frauenwahlrecht. Nicht alle Aktivistinnen waren mit dieser patriotischen Wende einverstanden. Die Unterstützung der britischen Kriegspolitik half aber dabei, einen Stimmungswandel einzuleiten. Im Februar 1918, nach Kriegsende, beschloss das Parlament das Wahlrecht für Frauen, wenn auch erst mal nur für vermögende Frauen über 30.

Zweite Welle

1968: Der Tomatenwurf

Das Private ist politisch: Das war die zentrale Erkenntnis der neuen Frauenbewegung, die sich Ende der 1960er-Jahre in der Bundesrepublik formierte. Auf dem Papier hatten Frauen die Gleichstellung damals schon weitestgehend erreicht. Allerdings hatte es der Satz »Männer und Frauen sind gleichberechtigt« 1949 nur gegen großen Widerstand ins deutsche Grundgesetz geschafft, und männliche Politiker zeigten in den Jahren danach parteiübergreifend kaum Interesse, frauenfeindliche Gesetze dem Verfassungsgrundsatz der Gleichberechtigung anzupassen.[15] Das alltägliche Leben von Frauen ließ sich damals kaum als gleichberechtigt bezeichnen. Diese Erfahrung machten auch jene Frauen, die sich im *Sozialistischen Deutschen Studentenbund*

(SDS) engagierten, einem linken Studierendenverband. Wenn die Männer im SDS die kommende Weltrevolution diskutierten, konnten sie oft nicht dabei sein – sie mussten für die Kinder sorgen und sich um den Haushalt kümmern. Auch die politische Arbeit selbst erlebten sie nicht als gleichberechtigt: Frauen durften Kaffee kochen und Flugblätter tippen, während Männer die großen Reden schwangen.[16]

MYTHOS BH-VERBRENNUNG

Feministinnen verbrennen ihre BHs, um ihrer Wut aufs Patriarchat Ausdruck zu verleihen – von dieser spektakulären Protestaktion gegen die Miss-America-Wahl im Jahr 1968 ist immer mal wieder zu lesen. Allerdings wurden damals gar keine BHs in die Flammen geworfen. In Atlantic City demonstrierten 400 Feministinnen gegen den Schönheitswettbewerb, weil sie fanden, dass er Frauen zu Sexualobjekten degradiere. Sie warfen BHs, Make-up, Lockenwickler, High Heels, den *Playboy* und andere Gegenstände, die sie als Instrumente zur Unterdrückung von Frauen sahen, in eine Blechtonne. Allerdings wurde weder dieser sogenannte »Mülleimer der Freiheit« noch ein einziger BH in Brand gesteckt. Stattdessen ernannten die Demonstrantinnen ein Schaf zur »Miss America«.[17]

Als die Filmemacherin Helke Sander im September 1968 auf einem SDS-Kongress eine feministische Rede hielt, zeigten die männlichen Mitglieder deutlich, wie wenig sie sich für frauenspezifische Themen interessierten: Ohne Diskussion gingen sie zum nächsten Punkt der Tagesordnung über. Daraufhin warf Sigrid Rüger aus dem Publikum eine Tomate auf den SDS-Vorsitzenden, der gerade am Rednerpult stand. Noch am selben Tag gründeten andere Frauen im SDS die »Weiberräte«: Runden, zu denen Männer keinen Zutritt hatten und in denen die Aktivistinnen über die Geschlechterfrage diskutierten.[18] Räume nur für Frauen – dieses Prinzip prägte die feministische Bewegung von jetzt an. Es entstanden Frauencafés, Frauenbuchläden und Frauengruppen, in denen die Teilnehmerinnen über ihre persönlichen Erfahrungen sprachen und diese politisch reflektierten.[19]

Dritte Welle

1985: Gorillas gegen die Dominanz weißer Männer

»Müssen Frauen nackt sein, um ins Metropolitan Museum of Art zu kommen?« Diese Frage stellte eine Gruppe junger Künstlerinnen und Brancheninsiderinnen auf einem noch heute berühmten Plakat. Die Frauen, die sich selbst »Guerrilla Girls« nannten, hatten in besagtem Museum in New York die Kunstwerke durchgezählt. Ergebnis: Fast alle Ausstellungsstücke in der Sammlung moderner Kunst stammten von Männern, weniger als fünf Prozent der Werke stammten von Künstlerinnen. Gleichzeitig zeigten aber 85 Prozent der im Museum ausgestellten Akte nackte Frauen.

Mit ihrer Aktionskunst, mit Postern, Stickern und Flugblättern wenden sich die Aktivistinnen der Guerrilla Girls seit inzwischen über 30 Jahren gegen die Dominanz weißer, reicher Männer im Kunstbetrieb. Die Gruppe gründete sich 1985, nachdem eine Ausstellung im New Yorker Museum of Modern Art den Anspruch erhob, die weltweit wichtigsten zeitgenössischen Kunstwerke zu zeigen. Doch unter den 169 Künstlerinnen und Künstlern befanden sich nur 13 Frauen. Zudem waren alle Ausgestellten weiß und kamen aus den USA oder Europa.

Die Guerrilla Girls traten von Beginn an anonym auf. Ihre Gesichter versteckten die Aktivistinnen unter Gorillamasken, die zu ihrem Markenzeichen geworden sind. Außerdem gaben sie sich die Namen toter Künstlerinnen, die Gründerinnen nennen sich beispielsweise Frida Kahlo und Käthe Kollwitz.

Der Protest der Guerrilla Girls hat das Bewusstsein für Machstrukturen in der Kunstwelt geschärft. Doch bis heute werden die Werke von weiblichen und nicht-weißen Menschen weniger gewürdigt als die Kunst weißer Männer. 2016 widmeten sich die Guerrilla Girls dem Museum Ludwig in Köln und zogen ein ernüchterndes Fazit: »Was ist in einer der vielfältigsten Städte Deutschlands zu 89 % männlich und 97 % weiß? Das Museum Ludwig!«[20]

Vierte Welle

2011: Der Marsch der Schlampen

Wie lassen sich Vergewaltigungen und sexuelle Belästigungen verhindern? Ein kanadischer Polizist gab auf einer Uni-Veranstaltung im Januar 2011 den Tipp: »Frauen sollten es vermeiden, sich wie Schlampen zu kleiden, damit sie nicht zu Opfern werden.«[21] Dieser Satz sorgte für große Empörung, denn er suggeriert: Eine Frau, die einen Minirock trägt, provoziert doch, dass sie belästigt wird. Aus Protest kam es zum ersten Slutwalk, einer Demonstration mit der Botschaft: Die Schuld an einem Übergriff trägt der Täter, nicht das Opfer – und das völlig unabhängig vom Kleidungsstil.

Statt der erwarteten 100 Menschen kamen 3000 zum ersten »Marsch der Schlampen« in Toronto, viele in knappen Outfits. Einige hatten sich das Wort »Schlampe« auf den nackten Bauch geschrieben. Auf Schildern standen Sprüche wie: »Mein kurzer Rock hat nichts mit dir zu tun.«[22]

Die »Slutwalks« wurden innerhalb weniger Wochen zu einer internationalen Bewegung. Schon bald gab es die ersten Protestmärsche in den USA, in Australien, Mexiko, Großbritannien, Brasilien, Schweden und auch in Deutschland. Am 23. Juli 2011 demonstrierten die selbst ernannten Schlampen erstmals hierzulande gegen sogenanntes *Victim Blaming*, und zwar nicht in Berlin, Hamburg, oder München, sondern im niederbayerischen Passau.

Auch bei den Debatten um *#Aufschrei* und *#MeToo* geht es um sexuelle Belästigung und sexualisierte Gewalt – zwei Themen, die den aktuellen Feminismus sehr prägen (mehr dazu in Kapitel 8).

KAPITEL DREI

Geschlechter: Über die Kategorien »Mann« und »Frau«

Man kommt nicht als Frau zur Welt, man wird es.

Simone de Beauvoir (1908–1986), Schriftstellerin, Philosophin und Feministin, in dem Buch »Das andere Geschlecht«

Männlich oder weiblich? Unsere Gesellschaft wirkt manchmal geradezu besessen davon, Menschen anhand ihres Geschlechts zu unterscheiden. Schon vor der Geburt geht es los. So lautet die erste, offenbar besonders wichtige Frage an die Eltern in spe: Wird es ein Junge oder ein Mädchen?

In den USA wird die Antwort auf diese Frage sogar mit einer Party zelebriert – ein Trend, der gerade auch nach Deutschland kommt. Auf der »Gender Reveal Party«, also einer Geschlechtsenthüllungsparty, wird das Geschlecht des Fötus verkündet. Dabei lassen sich die zukünftigen Eltern gerne auch selbst überraschen.[1] In diesem Fall hat ihr Frauenarzt oder ihre Frauenärztin vorab nur eine Vertrauensperson eingeweiht.

Der Höhepunkt einer jeden »Gender Reveal Party«: eine Konfetti-Kanone, Rauchbombe oder Kuchenteig in Rosa beziehungsweise Hellblau lüftet das Geheimnis über das Geschlecht des Kindes.

Geschlecht als soziale Tatsache

Ein Mensch ist noch nicht mal geboren, schon kriegt er seinen Platz in dieser Welt zugewiesen. Das zeigt schon: Geschlecht ist eine Kategorie, mit der wir die Gesellschaft ordnen.[2] Wer einmal angefangen hat, darauf zu achten, merkt, wie allgegenwärtig die Unterscheidung zwischen Männern und Frauen in unserem Leben ist.

Menschen nehmen sofort wahr, welches Geschlecht ihr Gegenüber hat. Männer und Frauen benutzen unterschiedliche Toiletten. Auf Formularen und bei Umfragen geben sie Auskunft über ihr Geschlecht, das in der Regel auch an ihren Vornamen eindeutig zu erkennen ist. Sie richten sich nach unterschiedlichen Dresscodes und Haarmoden: Wer kann, ohne zu irritieren, Kleider, High Heels und Lippenstift tragen, wer sich eine Glatze rasieren? Und wer bietet wem Hilfe an, einen schweren Koffer auf die Gepäckablage zu heben?

Zwei Aspekte werden hier deutlich: Zum einen, dass in unserer Gesellschaft die Idee vorherrscht, dass es genau zwei Geschlechter gibt – Männer und Frauen. Zum anderen, dass Geschlecht ein soziales Phänomen ist – also sehr viel mehr als die biologische Tatsache, mit welchem Chromosomensatz ein Mensch zur Welt gekommen ist oder wer mit wem Kinder bekommen kann.

Anders als im Deutschen gibt es im englischen zwei Wörter, um über Geschlecht zu sprechen. Der Begriff *Gender* steht für die sozialen und kulturellen Dimensionen von Geschlecht, für die *Geschlechterrollen*: Was heißt es, in unser Gesellschaft ein Mann oder eine Frau zu sein? Welche Rollen sollen Angehörige eines Geschlechts in der Gesellschaft einnehmen, welche Erwartungen werden an sie gerichtet?[3] Der Gegenbegriff zu *Gender* ist *Sex*, er steht für die biologische Dimension von Geschlecht.

Auf die Argumentation, die Differenzierung in zwei Geschlechter sei auf biologische Unterschiede zurückzuführen, haben Feministinnen in den 1960er-Jahren mit der Sex/Gender-Unterscheidung reagiert. Sie wollten damit zeigen, wie wandelbar Geschlechterrollen sind.

Heute finden viele im Feminismus den Gegensatz von *Sex* und *Gender* nicht mehr ganz so hilfreich. Sie sind der Meinung: Nicht nur unsere Geschlechterrolle ist gesellschaftlich bedingt, sondern auch, wie wir die Unterschiede unserer Körper interpretieren und kategorisieren. Dass wir davon ausgehen, dass es genau zwei Geschlechter gibt, lässt uns auch genau das in unseren Körpern sehen.

Zweigeschlechtlichkeit als Norm

Die Aufteilung in zwei Geschlechter wird auch Geschlechterbinarität genannt – binäre Systeme bieten nur zwei Möglichkeiten an, zum Beispiel also »Mann« und »Frau«. Diese Binarität wird inzwischen zugunsten einer Geschlechtervielfalt aufgebrochen: Wer die Dating-App Tinder nutzt, kann zwischen 37 Geschlechtsidentitäten wählen[4], auf Facebook stehen sogar 60 verschiedene Kategorien zur Auswahl.[5] Trotzdem würden die meisten Menschen in unserer Gesellschaft wahrscheinlich sagen, dass es nur zwei Geschlechter gibt: Männer und Frauen.

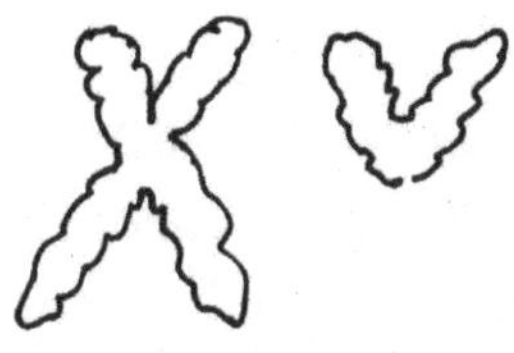

Diese Norm der Zweigeschlechtlichkeit ist vor allem für jene Menschen ein Problem, die sich in ihr nicht wiederfinden oder Probleme haben, ihr zu entsprechen. Dazu zählen zum Beispiel Transfrauen und Transmänner. Die Vorsilbe *trans* bedeutet, dass sie sich nicht mit dem Geschlecht identifizieren, das ihnen bei der Geburt zugewiesen wurde. Der Gegenbegriff für Menschen, die sich mit dem ihnen bei der Geburt zugeteilten Geschlecht identifizieren, lautet *cis*. Eine Transfrau und eine Cisfrau sind beide Frauen. Doch während die Geschlechtsidentität der Cisfrau von anderen nicht infrage gestellt wird, kann das einer Transfrau, die als Junge großgezogen wurde, ständig passieren. Etwa, wenn sie die Damentoilette benutzen möchte oder weil Menschen ihre tiefe Stimme bemerken. Denn nicht alle Transfrauen und Transmänner lassen mit Hormonbehandlungen und Operationen ihre körperlichen Merkmale an ihre Geschlechtsidentität angleichen.

Manche Menschen finden aber auch das Entweder-Oder der Zweigeschlechtlichkeit für sich nicht passend. Etwa weil sie *genderfluid* sind, also eine wechselnde Geschlechtsidentität haben. Oder sie fühlen sich gar keinem der beiden Geschlechter zugehörig und definieren sich als *nicht-binär* oder *genderqueer.*

Die Macht der Geschlechterrollen

Hier das rosarote Glitzerland voller Feen und Pferde, da eine blaugrüne Welt voller wilder Tiere, Raumschiffe und Bagger. Hier alles für kleine Prinzessinnen, da entlang für kleine Ritter. Wahrscheinlich nirgendwo sonst wird der Einfluss der Geschlechterrollen so deutlich wie in einem Spielwarengeschäft, denn Produkte für Kinder werden heute einem aggressiven *Gendermarketing* unterzogen. Geschlechtsneutrales Spielzeug gibt es kaum noch.

Diese klare Trennung in eine Mädchen- und eine Jungswelt wirkt auf Kinder und ihre Eltern wie eine Aufforderung: Mädchen spielen bitte mit der Puppenküche, Jungs greifen zum Chemiebaukasten. Das Problem daran ist offensichtlich: Wenn ein kleiner Junge auch gerne mit der Puppenküche spielen will, lässt er es womöglich bleiben. Und zwar sogar, ohne dass jemand etwas dazu sagt; einfach nur, weil der »Mädchenkram« seine Identität als Junge infrage stellen würde.

Geschlechterrollen sind deshalb so problematisch, weil sie Menschen in ihrer Lebensführung einengen. Wer seine vorgesehene Rolle nicht ausfüllt, eckt an. Das spüren nicht nur Kinder, sondern auch Erwachsene: So wird zum Beispiel ein Mann, der seinen Job aufgibt, um sich um Kinder und Haushalt zu kümmern, sehr viel mehr verwunderte Reaktionen ernten als ein Frau. In den Augen mancher ist er sogar »kein richtiger Mann« mehr.

Menschen sind aber nicht allein Opfer der Verhältnisse, sondern aktiv daran beteiligt, den Erwartungen an sie gerecht zu werden. Wenn ein heterosexuelles Paar in ein Auto einsteigt, dann setzt sich sehr oft der Mann ans Steuer und die Frau auf den Beifahrersitz. Beim ersten Date zahlt er – und sie lässt sich einladen. Sie müssten dieses Rollenspiel nicht mitmachen, aber sie tun es trotzdem. Der Fachbegriff dafür lautet *Doing Gender.*[6]

Die Biologie als Argument gegen Gleichberechtigung

Tatsache ist: Es gibt Menschen mit einem Penis und Menschen mit Brüsten. Aber folgt denn eigentlich irgendetwas aus diesen körperlichen Unterschieden? Viele Menschen sind überzeugt, dass Männer und Frauen von Natur aus total unterschiedlich ticken und einander entgegengesetzte Eigenschaften haben.[7] Sie seien wie Yin und Yang, Sonne und Mond, oder stammten von Mars und Venus. Mit der These, es gebe fundamentale biologische Unterschiede, wurden schon einige Bücher zu Bestsellern: Da liegt es dann wahlweise an den Genen, den Hormonen oder den unterschiedlich aufgebauten Gehirnen, dass Männer nicht zuhören können und Frauen schlecht einparken.

Von der Wissenschaft gedeckt sind diese Behauptungen allerdings nicht[8] – und sie stehen in einer unguten Tradition. Angeblich natürliche Geschlechterunterschiede lieferten immer wieder Argumente, um männliche Vorrechte zu verteidigen: So wurde im 19. Jahrhundert der behauptete Gegensatz zwischen analytisch begabten, urteilsfähigen Männern und intuitiv handelnden Frauen benutzt, um den Ausschluss von Frauen aus der Universität und vom Wahlrecht zu rechtfertigen.[9]

So legte beispielsweise der Geistliche Thomas Gisborne vor über 200 Jahren dar, wie gut die angeblichen natürlichen Fähigkeiten von Männern und Frauen zu ihren jeweiligen Aufgaben in der Gesellschaft passen: Die von Männern ausgeübten Tätigkeiten in Politik, Rechtsprechung, Wissenschaft und Handel würden »die Anstrengungen eines Geistes« voraussetzen, »der mit der Fähigkeit genauen, umfassenden Denkens begabt ist sowie der Bereitschaft, energisch und unablässig Gebrauch davon zu machen«. Diese Qualitäten seien, so argumentierte Gisborne, »dem weiblichen Geist mit eher sparsamer Hand zugeteilt« worden. Seiner Einschätzung nach hatten Frauen andere Talente, etwa die Macht, »im gesamten Familienkreis das belebende und reizende Lächeln des Frohsinns erstrahlen zu lassen«[10]. Es war also nur vernünftig, wenn Frauen sich um die Familie kümmerten und den Männern die Schlüsselpositionen in Politik und Wissenschaft überließen.

HEDWIG DOHM (1831–1919)

Unterschiede zwischen Männern und Frauen sind nicht natürlich, sondern sozial bedingt – mit dieser Überzeugung ist die Feministin Hedwig Dohm im 19. Jahrhundert ihrer Zeit weit voraus. Sie fordert Wahlrecht und uneingeschränkten Zugang zu Universitäten für Frauen und ist damit eine der radikalsten Stimmen der deutschen Frauenbewegung. Dohm, Schriftstellerin und feministische Theoretikerin, verlangt nach grundsätzlicher Gleichberechtigung: »Menschenrechte haben kein Geschlecht«, erklärt sie. Bis ins hohe Alter verfasst sie Texte, in denen sie auf gesellschaftliche Missstände aufmerksam macht. So ist sie im Ersten Weltkrieg eine der wenigen öffentlichen Stimmen in Deutschland, die sich gegen die Kriegsbegeisterung aussprechen – denn Dohm ist nicht nur Feministin, sondern auch Pazifistin. Kurz vor ihrem Tod ist es schließlich so weit: Die Frauen in Deutschland erhalten das Wahlrecht.

Aus heutiger Perspektive klingen die Erklärungen für Begabungsunterschiede, die Männer und Frauen angeblich von Natur aus mitbringen, unfreiwillig komisch. Bereits im 17. Jahrhundert urteilte der Philosoph Nicolas Malebranche über die Intelligenz von Frauen: »Alles Abstrakte ist ihnen unbegreiflich.« Schuld daran war seiner Meinung nach die »zarte Beschaffenheit der Gehirnfasern«. Die ersten Hirnforscher wiederum wogen und vermaßen Gehirne und erklärten, die angeblich geringere Intelligenz von Frauen gehe auf ihr kleineres, leichteres Gehirn zurück.[11]

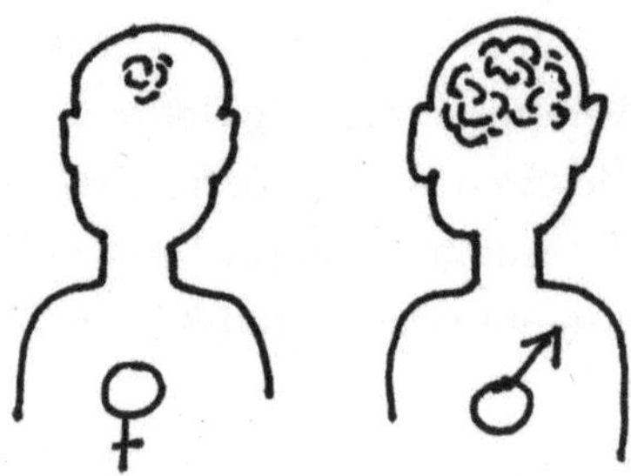

Geschlechterunterschiede oder Geschlechterähnlichkeit?

Ob Biologie oder Psychologie: Die Wissenschaftlerinnen und Wissenschaftler der Gegenwart, die sich mit Geschlecht und Geschlechterunterschieden befassen, zeichnen ein völlig anderes, deutlich vielfältigeres Bild. Ihre Untersuchungen zeigen auch: Es ist nicht einfach, zwischen biologischen und gesellschaftlichen Einflüssen zu differenzieren.

In der Biologie wird die Idee, es gebe nur zwei Geschlechter, inzwischen als zu simpel abgelehnt.[12] *Intersexuelle*

Menschen, die sowohl männliche als auch weibliche Geschlechtsanteile aufweisen, gibt es häufiger als gemeinhin angenommen. Eine Person kann zum Beispiel eine Vagina und Brüste haben, aber männliche Geschlechtschromosomen.[13] Insgesamt werden 60 verschiedene Formen der *Intersexualität* unterschieden. Geschätzt wird, dass eines von 2000 bis 5000 Neugeborenen mit einem nicht eindeutigen Geschlecht zur Welt kommt.[14] Es gibt gute Argumente aus der Wissenschaft, die Definition zu erweitern und auch kleinere Variationen zu berücksichtigen. Dann wäre jeder hundertste Mensch in irgendeiner Form intersexuell.[15] In einer Stadt von der Größe Münchens wären das über 14000. Außerdem ist es bemerkenswert, dass zwar immer von Geschlechterunterschieden die Rede ist, die Wissenschaft aber vor allem eine *Geschlechterähnlichkeit* feststellt. Das typische Ergebnis einer Studie zu Geschlechterunterschieden ist, dass keine gefunden werden. Beispielsweise sind Mädchen, entgegen verbreiteter Vorurteile, nicht von Geburt an sozialer eingestellt als Jungen. Und die sind wiederum nicht selbstbewusster als Mädchen.[16]

Die Unterschiede, die sich tatsächlich zwischen Männern und Frauen zeigen, sind oft nicht sonderlich ausgeprägt. Innerhalb der Geschlechter gibt es weit größere Differenzen als zwischen den Geschlechtern.[17] Es ist ungefähr so wie bei der Körpergröße: Zwar sind Männer im Durchschnitt etwas größer als Frauen. Doch der Unterschied ist klein im Vergleich zu den Größenunterschieden innerhalb der Gruppe der Frauen und innerhalb der Gruppe der Männer. Deshalb gibt es viele Frauen, die größer sind als viele

Männer. Und wenn eine Frau aus den Niederlanden eine Rucksackreise durch Südostasien macht, wird sie dort vor allem Männern begegnen, die kleiner sind als sie.[18] Als Gesellschaft neigen wir aber dazu, die Geschlechterdifferenz zu suchen und zu bestätigen: So bilden heterosexuelle Menschen für gewöhnlich Paare, bei denen der Mann größer ist als die Frau.[19]

Darüber hinaus zeigen psychologische Studien die Macht von Geschlechterrollen: Vorurteile und Stereotype beeinflussen stark, wie gut Männer und Frauen in bestimmten Dingen sind.

Beispielsweise schneiden Männer bei Tests zur mentalen Rotationsfähigkeit im Durchschnitt besser ab als Frauen – das sind Tests, bei denen man dreidimensionale Figuren im Kopf drehen muss und die ein sehr gutes räumliche Vorstellungsvermögen erfordern. Dies ist einer der wenigen regelmäßig nachgewiesenen Unterschiede zwischen den Geschlechtern.[20] Wenn Männern im Vorfeld eines solchen Tests aber gesagt wird, dass dieser eine Begabung für Bekleidungsdesign, Innenausstattung, Nähen, Stricken und Häkeln prognostiziere – also für lauter »unmännliche« Tätigkeiten –, dann wirkt sich das verheerend auf ihre Testergebnisse aus.[21]

Eine andere Untersuchung, für die Studierende einen schwierigen Mathetest absolvieren mussten, lässt ahnen, wie stark die Leistungen von Frauen unter dem Klischee von der Männerdomäne Mathe leiden. Vor dem Test wurden die Studierenden in zwei Gruppen aufgeteilt. Eine Gruppe bekam die Information, der Test solle die Frage beantworten, warum einige Menschen in Mathematik besser sind als andere. Der zweiten Gruppe wurde zusätzlich mitgeteilt, dass bei diesem Test unter Tausenden Studierenden noch nie ein Unterschied zwischen den Geschlechtern nachgewiesen wurde.

Die Probandinnen und Probanden hatten im Vorfeld annähernd dieselben Mathe-Noten erzielt – es war also durchaus erwartbar, dass sie auch alle im Test ungefähr gleich abschneiden. Stattdessen übertrafen die Frauen der zweiten Gruppe alle anderen Teilnehmenden. Der einfache Hinweis, dass Männer und Frauen erfahrungsgemäß gleich gut rechnen können, hatte sie ihr tatsächliches mathematisches Können abrufen lassen.[22]

KAPITEL VIER

Frauenbilder: Objekt statt Subjekt

Normalerweise sind Superheldinnen nackt oder tragen Bikinis. Niemand wäre so in der Lage zu kämpfen. Wie soll sich Wonder Woman denn bitte behaupten? Sie wäre innerhalb von einer Minute tot.[1]

Cara Delevingne (geboren 1992), Model und Schauspielerin, über Superheldinnenfilme

Lächeln, winken, gut aussehen: Das ist der Job von Natalia Vodianova beim Finale der Fußball-Weltmeisterschaft in Russland im Sommer 2018.

Gemeinsam mit Philipp Lahm, dem ehemaligen Kapitän der deutschen Fußball-Nationalmannschaft, präsentiert das russische Model den WM-Pokal. Fußballer Philipp Lahm bringt die Trophäe ins Stadion, hebt sie aus der Schatulle – und Natalia Vodianova steht bewundernd daneben und applaudiert. In ihrem golden glitzernden Minikleid sieht Vodianova dem goldglänzenden Pokal neben ihr verdächtig ähnlich – so, als sei sie eine weitere Trophäe, die es zu erringen gelte. Lahm trägt übrigens nichts Goldenes, sondern einen dunkelblauen Anzug.[2]

Die Frau als schmückendes Beiwerk – das entspricht vollkommen dem Stereotyp vom schönen, aber passiven weiblichen Geschlecht. Solch klischeehafte Inszenierungen gibt es immer wieder bei Sport-Wettkämpfen: Cheerleaderinnen tanzen in ultraknappen Outfits, wenn Männer Football spielen, und ein Radsportler, der bei der Tour de France eine Etappe gewinnt, wird bei der Siegerehrung von jungen Frauen flankiert, die mit ihm für ein Foto posieren. Auch wenn sich einige Sportarten und Turniere inzwischen von solchen Ritualen verabschiedet haben, die Frauen zur Dekoration degradieren:[3] Immer und immer wieder wird so ein *objektifizierendes Bild* von Frauen reproduziert. Objektifizierend bedeutet: Frauen werden zu passiven, sexuellen Objekten, zur Schau gestellt für den (heterosexuellen) *männlichen Blick*.

MALE GAZE – DER MÄNNLICHE BLICK[4]

Aus der feministischen Filmtheorie stammt der Begriff des *Male Gaze*, also des männlichen Blicks. Er beschreibt, dass das Publikum (egal welchen Geschlechts) im Film die Perspektive eines heterosexuellen Mannes einnimmt, der Frauen begehrt und mit sexuellem Interesse auf ihre Körper blickt. Die Kamera verharrt zum Beispiel häufig im Dekolleté oder auf dem Po einer Frau. *Male Gaze* bedeutet also: Männer schauen und Frauen werden angeschaut. Das Konzept des männlichen Blicks wird oft auf andere Medien übertragen, etwa bei der Analyse von Werbung, Fernsehen oder bildender Kunst.

Diese stereotype Darstellung von Frauen erreicht über die Medien ein großes Publikum. Das Finale der Fußball-Weltmeisterschaft mit der golden glitzernden Natalia Vodianova verfolgten allein in Deutschland mehr als 21 Millionen Menschen (die Zuschauerinnen und Zuschauer bei Public Viewings noch nicht berücksichtigt).[5]

Aber Frauen werden längst nicht nur im Sport auf ihr Aussehen reduziert. In den Medien wird bei vielen Gelegenheiten ein problematisches Frauenbild gezeichnet: ob in der Werbung, in Musikvideos[6], im Kino oder im TV. Eine Fernsehsendung wird deswegen schon seit Jahren scharf kritisiert: *Germany's Next Topmodel.*

Wer ist die Schönste im ganzen Land? Germany's Next Topmodel

Seit 2006 sucht Heidi Klum jedes Jahr per Castingshow Deutschlands »nächstes Topmodel« – und ein Millionenpublikum[7] schaut dabei zu, wie Mädchen und junge Frauen miteinander um den Titel *Germany's Next Topmodel* (GNTM) konkurrieren. Die Teilnehmerinnen müssen sich bei Foto-Shootings in Pose werfen, auf dem Laufsteg überzeugen und sich bei »Castings« gegen die anderen Kandidatinnen durchsetzen, um für einen Rasierer oder eine Automarke werben zu dürfen.

Die Sendung hat vor allem junge Zuschauerinnen im Alter der Teilnehmerinnen[8] und ist beliebt: In einer Befragung aus dem Jahr 2017 nannte mehr als jedes vierte Mädchen zwischen 13 und 19 Jahren *Germany's Next Topmodel* als seine Lieblingssendung.[9]

Im Mittelpunkt von *Germany's Next Topmodel* steht das Aussehen der Kandidatinnen. Die Teilnehmerinnen laufen in Bikinis vor der Jury auf und ab, werden für ihren »tollen Look« gelobt, oder dafür, dass sie »wunderschön« seien. Wer nicht gefällt, wird mitunter schonungslos kritisiert. »Ich habe ein hübsches Gesicht gesehen, aber darunter waren fette Beinchen«,[10] urteilte das frühere Jury-Mitglied Wolfgang Joop über eine Bewerberin.

Die Kandidatinnen müssen zudem nicht nur groß und dünn, sondern auch durchtrainiert sein. »Ihr müsst hart werden. Ich will nichts schwabbeln sehen«, forderte Jury-Chefin Heidi Klum in der dritten Staffel.[11]

Germany's Next Topmodel zeigt junge, schlanke, dem geltenden Schönheitsideal entsprechende Frauen, deren Aussehen permanent bewertet wird. So vermittelt die Sendung mehrere Dinge. Erstens: Schön ist, wer Modelmaße hat. Zweitens: Schön ist nie schön genug. Und drittens: Es ist okay, über das Aussehen von Mädchen und jungen Frauen zu urteilen – gerne auch hart. Eine Zuschauerin, die dann auch hart über sich selbst urteilt, erfährt praktischerweise direkt in der Werbepause, mit welchen Produkten sie selbst noch schöner werden kann.

Das propagierte, für viele unerreichbare Schönheitsideal ist aber nicht das einzige Problem an der Sendung. *Germany's Next Topmodel* lehrt auch: Wenn Mädchen und junge Frauen Erfolg haben wollen, müssen sie bereit sein, alles mit sich machen zu lassen. Die Kandidatinnen haben sich dem Willen der Jury oder des »Kunden« zu unterwerfen. Wer sich beim »Umstyling« die langen Haare nicht abschneiden lassen will, wer sich weigert, für ein Foto nackt oder mit Kakerlaken zu posieren, fliegt früher oder später raus. Nein zu sagen und selbst über den eigenen Körper zu bestimmen ist bei *Germany's Next Topmodel* unerwünscht.

Zu der Sendung gibt es mittlerweile sogar wissenschaftliche Studien. Eine kam zu dem Ergebnis, dass Mädchen, die *Germany's Next Topmodel* schauen, deutlich häufiger denken, sie seien zu dick, als Mädchen, die die Sendung nicht sehen.[12]

Eine zweite Studie lieferte Hinweise darauf, dass *Germany's Next Topmodel* womöglich Essstörungen verstärkt: Für die Untersuchung wurden Menschen, die wegen einer Essstörung in therapeutischer Behandlung waren, befragt, ob beziehungsweise welche Fernsehsendungen einen Einfluss auf ihre Erkrankung hätten. Keine andere Sendung wurde von den Befragten so oft genannt wie *Germany's Next Topmodel.*[13] Fast ein Drittel – vor allem jüngere Mädchen – bescheinigte der Sendung einen sehr starken Einfluss auf die eigene Essstörung. Ein weiteres Drittel sah einen leichten Einfluss auf die Krankheit.[14]

Junge Frauen, kompetente Männer: Geschlechterbilder in Film und Fernsehen

Auch andere Sendungen, ob Spielfilm, Zeichentrickserie oder Nachrichtensendung, vermitteln Rollenbilder. Wie werden Frauen und Männer im deutschen Fernsehen und Kino heute insgesamt dargestellt? Um diese Frage zu beantworten, analysierten Wissenschaftlerinnen der Universität Rostock über 3500 Stunden TV-Programm und über 800 deutschsprachige Kinofilme.[15]

Zum einen zeigten die Forscherinnen, dass Frauen deutlich unterrepräsentiert sind. Auf dem Bildschirm sind doppelt so viele Männer wie Frauen zu sehen. Im Kinderfernsehen ist der Unterschied sogar noch ausgeprägter, dort ist

nur eine von vier Hauptfiguren weiblich. In der Fantasiewelt des Kinderangebots ist die Differenz besonders groß: Auf neun männliche Tiere oder magische Wesen kommt dort nur ein einziges weibliches.

Zum anderen ergab die Untersuchung, dass die Geschlechter ganz unterschiedlich in Erscheinung treten: Wenn Frauen in Film und Fernsehen vorkommen, dann hauptsächlich als junge Frauen unter 30. Je älter sie sind, desto unsichtbarer werden sie. Männer dagegen dürfen ruhig graue Haare haben.

Außerdem werden Frauen mehr als doppelt so häufig im Kontext von Beziehung und Partnerschaft gezeigt. Männer dagegen dürfen die Welt erklären: In der TV-Information dominieren männliche Journalisten (64 Prozent), Sprecher (72 Prozent) und Experten (79 Prozent).

Hollywood-Produktionen zeichnen ein ganz ähnliches Bild der Geschlechter wie die deutsche Film- und Fernsehwelt. So führen in 900 populären Filmen des US-Kinojahres 2016 vor allem Männer das Wort. Nur 31 Prozent aller sprechenden Figuren sind weiblich. Genau wie in deutschen Produktionen kommen auch in den amerikanischen Filmen vor allem junge Frauen vor. Die weiblichen Figuren sind viel öfter als männliche Charaktere in freizügiger Kleidung zu sehen – oder gleich ganz nackt.[16]

Eine Analyse, die neben Filmen auch das amerikanische Fernsehprogramm untersuchte, offenbarte außerdem, dass Frauen seltener als berufstätig dargestellt werden.[17]

CHIMAMANDA NGOZI ADICHIE (GEBOREN 1977)

»We should all be feminists«, fordert die nigerianische Schriftstellerin Chimamanda Ngozi Adichie 2013 in einem Videovortrag. Der Satz wird berühmt und landet auf Designer-T-Shirts, die Sängerin Beyoncé sampelt einen Ausschnitt aus der Rede in ihrem Song »Flawless«. 2017 veröffentlicht Adichie außerdem ein feministisches Manifest, in dem sie erklärt, wie Eltern ihre Töchter zu selbstbestimmten Frauen erziehen. Adichie setzt sich nicht nur für Gleichberechtigung und gegen Rassismus ein, sondern ist vor allem auch eine der wichtigsten Schriftstellerinnen der Gegenwart. Für ihre Romane erhielt sie mehrere Literaturpreise. Adichie lebt in der ehemaligen nigerianischen Hauptstadt Lagos und in den USA.

Welche Macht haben diese stereotypen Bilder? Mögliche negative Auswirkungen sollten nicht unterschätzt werden, das legt im Umkehrschluss das Positivbeispiel einer einflussreichen, starken Frauenfigur nahe: Dana Scully. Der sogenannte »Scully-Effekt« zeigt, dass fiktive Charaktere eine Vorbildwirkung haben können. Er ist benannt nach der Figur der Wissenschaftlerin und FBI-Agentin Dana Scully aus der Mystery-Serie *Akte X*, die ab 1993 im Fernsehen lief. Scully war schlau, rational und souverän – ein Nerd, aber unglaublich cool. Eine Studie kam zu dem Ergebnis, dass die Figur Scully Mädchen und Frauen ermutigt hat, Naturwissenschaftlerin zu werden. Viele Frauen, die im Berufsfeld von Naturwissenschaft und Technik arbeiteten, bezeichneten Scully als ihr Vorbild. Auch sagten viele, dass Scully sie darin bestärkt habe, in einer männlich dominierten Arbeitswelt bestehen zu können.[18]

Frauen, die was zu sagen haben: der Bechdel-Test

Schon lange, bevor Dana Scully auf den Bildschirm trat, war die Cartoonistin Alison Bechdel zu dem Eindruck gekommen, dass Frauen in vielen Filmen eher dekorative Statisten sind und erschreckend wenig zu sagen haben. In Bechdels 1985 veröffentlichtem Comic »The Rule« (»Die Regel«) schlägt eine ihrer Figuren einen Umgang damit vor: Sie erklärt in dem Comic ihrer Freundin, welche Voraussetzungen ein Film erfüllen müsse, damit sie ihn sich ansehe. Drei Fragen müssten mit Ja beantwortet werden können:

1. Gibt es mindestens zwei Frauen mit einem eigenen Namen?
2. Sprechen diese Frauen miteinander?
3. Unterhalten sie sich über etwas anderes als einen Mann?[19]

Zwei nicht-namenlose Frauen, die etwas anderes als Männer zu bereden haben: Die Hürde für einen sehenswerten Film war in Alison Bechdels Comic nicht sonderlich hoch – und dieser kurze Kriterienkatalog ist inzwischen als *Bechdel-Test* bekannt geworden.[20] Dennoch scheitern bis heute viele Kinofilme an diesen minimalen Anforderungen. Zum Beispiel gibt es in den fast zehn Stunden Spielzeit der *Herr der Ringe*-Trilogie nicht ein einziges Bechdel-konformes Gespräch zwischen Frauen, ebenso wenig im aktuellsten *Star Wars*-Film *Solo*[21].

VOM BECHDEL-TEST INSPIRIERT

Der klassische Hollywood-Held ist ein weißer, heterosexueller Mann. Deshalb gibt es neben Frauen noch andere Bevölkerungsgruppen, die in Filmen unterrepräsentiert sind. Inspiriert von der Popularität des Bechdel-Tests sind inzwischen weitere simple Tests entstanden, um die Vielfalt in einem Film zu beurteilen: Der Vito-Russo-Test beispielsweise misst, wie Lesben, Schwule, Bisexuelle und Transgender dargestellt werden. Der DuVernay-Test überprüft die Darstellung von *People of Color*, also von Menschen, die nicht weiß sind. Und der Tyrion-Test gibt Auskunft über die Repräsentation behinderter Menschen.[22]

Der Bechdel-Test führt vor Augen, wie männerzentriert viele Filme sind. Er ist kein Werkzeug zur wissenschaftlichen Analyse von Filmen, sondern eher eine Art feministische Faustregel. Aber er sagt nichts über die Qualität oder den feministischen Anspruch eines einzelnen Filmes aus. Auch wenn Frauen über nichts als Diäten und Schuhe sprechen, kann ein Film den Test bestehen. Und ausgerechnet der Thriller *Lola rennt*, der sich durch eine starke weibliche Hauptfigur auszeichnet, fällt beim Bechdel-Test durch.

Sexismus sells: Geschlechterrollen in der Werbung

Niemand muss *Germany's Next Topmodel* anschauen oder einen Film, in dem Frauen nicht zu Wort kommen. Aber wer auch nur ab und zu vor die Tür geht, ist zwangsläufig mit dem Frauenbild der Werbung konfrontiert. Und egal ob auf Plakaten, in Prospekten, Werbespots oder im Internet: Wo geworben wird, da sind Objektifizierung, Sexismus und Geschlechterklischees oft nicht weit.

So werden mit leicht bekleideten oder nackten Frauen nicht nur Unterwäsche und Bikinis angepriesen, sondern auch Pizza, Bodenbeläge und Hostels: Die nackte Haut hat also rein gar nichts mit dem beworbenen Produkt zu tun, sondern dient lediglich als Blickfang. Der gezeigte Frauenkörper ist reine Deko. Mit halb nackten Männern wird im Vergleich viel seltener geworben.

Häufig suggerieren die Anzeigen zudem die sexuelle Verfügbarkeit der abgebildeten Frauen. Das Model, mit dessen Schambereich für ein Hostel geworben wurde, war beispielsweise nur mit einem Tanga bekleidet, der den Schriftzug »24h open« (auf Deutsch: »Rund um die Uhr geöffnet«) trug.[23]

SEX SELLS

Zur Rechtfertigung von Anzeigen, in denen Frauen als Sexobjekte dargestellt werden, heißt es häufig »Sex sells«: Produkte, die mit Sex beworben werden, würden sich angeblich besser verkaufen. Psychologen bezweifeln, dass das stimmt – womöglich schadet solche Werbung einer Marke eher.[24] Was dagegen mit Sicherheit stimmt: Wenn von »Sex sells« die Rede ist, geht es meistens nicht um die Darstellung von Geschlechtsverkehr, sondern um (halb) nackte Frauen, die Sex verheißen sollen: Schon der Anblick ihrer Körper wird mit Sex gleichgesetzt, dabei sind sie ja zunächst einmal einfach nackte Menschen.

Ebenso gern greift Werbung tief in die Klischeekiste. So warb ein Limonadenhersteller mit dem Slogan: »Auch Männer haben Gefühle: Durst.«[25] Ein Lebensmittelkonzern empfahl: »Back deinen Mann glücklich – auch wenn er eine zweite Liebe hat« und zeigte dazu eine Frau in Schürze, die eine Fußball-Torte in der Hand hielt.[26] Wer sich um den Haushalt kümmert, ist in der Werbewelt sowieso klar: Wenn für Putzmittel und Haushaltsgeräte geworben wird, sind in der Regel Frauen zu sehen, die den Feudel schwingen oder die Waschmaschine bedienen.[27] Auf dem Weg zu einer Welt, in der kein Mann mehr glaubt, Putzen sei Frauensache, sind solche Bilder nicht unbedingt hilfreich.

Werbung setzt zudem sehr oft auf Perfektion, zeigt junge, schlanke Menschen mit makelloser Haut und seidigem Haar. Make-up, Ausleuchtung und viele Stunden Nachbearbeitung mit Photoshop erschaffen überirdisch schöne Modelbilder. Sie zeigen Kunstfiguren, denen niemand entsprechen kann.

Doch sie prägen unsere Vorstellung davon, wie Menschen angeblich aussehen. Wir alle sehen öfter die perfekten Körper der halb nackten Frauen, mit denen uns irgendein Produkt verkauft werden soll, als die Körper echter Menschen mit ihren Falten, Narben, Pickeln und Dehnungsstreifen.

KAPITEL FÜNF

Kampfzone Körper

Unfeministisch ist, sich über Körper von anderen zu beschweren, außer sie sitzen auf dir drauf und sind zu schwer.

Margarete Stokowski (geboren 1986), Feministin und Autorin[1]

Nur an den Lippen, den Handinnenflächen und den Fußsohlen ist die menschliche Haut von Natur aus unbehaart. Ansonsten wachsen uns allen fast überall am Körper Haare: an den Beinen, unter der Armen, im Gesicht und im Intimbereich, ob zarter Flaum oder krauses Haar. Bei manchen sprießt es blond, bei manchen schwarz. Doch viele Mädchen und Frauen haben der Körperbehaarung den Kampf angesagt. Sie rasieren, epilieren, waxen und bleichen unerwünschte Haare.

Außer auf dem Kopf soll die Haut überall glatt sein, vor allem im Sommer, wenn die Körperhaare auch für andere Menschen sichtbar sind. Bevor es ins Freibad geht, werden erst mal die nachwachsenden Stoppeln vom Schienbein entfernt – und auch aus der Bikinihose soll ja kein Schamhaar hervorlugen. Laut einer Studie der Universität Leipzig entfernen sich zwei Drittel der 14- bis 17-jährigen Mädchen gelegentlich oder regelmäßig die Haare an bestimmten Körperstellen. Unter den 18- bis 30-jährigen Frauen machen das über 80 Prozent. Junge Frauen enthaaren vor allem Achselhöhlen, Beine und Intimbereich.[2] Dabei ist Körperenthaarung nervig und kostet Zeit und Geld. Außerdem hat sie lästige Nebenwirkungen: Immer wieder führt sie zu Schnittwunden, Pickeln und eingewachsenen Haaren. Warum tun sich das so viele Mädchen und Frauen trotzdem an?

Schönheitsnormen und Bodyshaming

Ganz einfach: Der enthaarte Körper zählt zu den gesellschaftlichen *Schönheitsnormen* für Frauen – so wie die schlanke, trainierte Figur und die leicht gebräunte, aber selbstverständlich weiße Haut ohne Unreinheiten und Falten. Ein einengendes *Schönheitsideal*, das Druck erzeugt, den viele verinnerlichen. In der Studie zur Körperenthaarung sagten zwar viele Teilnehmerinnen, sie würden ihre Körperhaare entfernen, weil es ihnen selbst gefalle und ihrem eigenen Schönheitsideal entspreche. Aber stimmt das wirklich? Und wie selbstbestimmt ist dieses Ideal, wenn in Medien und Werbung niemals ein Haarstoppel zu sehen ist? Gleichzeitig lassen sich einige Mädchen und Frauen in den kalten Monaten einen flauschigen Pelz an den Beinen wachsen. Dann ist er von langen Hosen verdeckt. Solange die Haare niemand anderes sieht, stören sie sich nicht an ihnen.

Auch »Hygiene« nannten in der Studie viele als Grund, sich zu enthaaren. Dabei ist das Gegenteil der Fall: Schamhaare bilden eine Schutzbarriere, sie fangen Bakterien ab, sodass diese nicht in die Vagina gelangen. Außerdem können sich beim Rasieren entstandene kleine Verletzungen der Haut infizieren. Deshalb sehen Frauenärztinnen und -ärzte den Trend zur Intimrasur kritisch.[3]

Wie mächtig Schönheitsnormen sind, zeigt sich vor allem, wenn jemand ihnen nicht entspricht. Mädchen, die dunklen oder kräftigen Haarwuchs haben, erleben oft, dass sich andere Menschen abfällig über ihre Körperhaare äußern. Ihre behaarten Unterarme seien »unweiblich«, der Damenbart »eklig«, die Haare auf den Zehen »hässlich«. Dies ist nur ein Beispiel von vielen, dass Mädchen und Frauen, die ihre Körper nicht dem gültigen Ideal unterwerfen, Ablehnung entgegenschlägt, auch *Bodyshaming* genannt. Sie werden von anderen wegen ihres Körpers beschämt, ihnen wird ein schlechtes Gewissen gemacht.

Die Ablehnung ist noch massiver, wenn Frauen ihre von der Norm abweichenden Körper vor einem größeren Publikum präsentieren. Das schwedische Model Arvida Byström posierte vor Kurzem in einer Werbekampagne für Turnschuhe. Selbstverständlich waren die beworbenen Sneaker prominent im Bild. Doch noch mehr Aufmerksamkeit zogen Arvida Byströms behaarte Beine auf sich: Zwischen rosa Söckchen und cremefarbenem Spitzenkleid ragten sie deutlich sichtbar hervor. Der Sportartikelhersteller wollte sich mit diesem Kampagnenfoto anscheinend einen feministischen Anstrich geben. Frauenkörper bleiben in der Öffentlichkeit nur selten unkommentiert: Arvida Byström erhielt nach der Veröffentlichung des Fotos zahlreiche fiese Nachrichten und sogar Vergewaltigungsdrohungen, wie sie auf Instagram schrieb.[4]

Frauen, die Raum einnehmen

Bodyshaming trifft ganz besonders häufig dicke Mädchen und Frauen – dann wird es auch *Fat Shaming* genannt. Das Gewicht spielt bei der gesellschaftlichen Bewertung von Frauenkörpern eine zentrale Rolle. Wer von der Schlankheitsnorm abweicht, muss sich Tag für Tag mit abschätzigen Blicken und respektlosen Bemerkungen herumschlagen. Dicke Mädchen und Frauen bekommen es vorgeworfen, wenn sie ihren Körper nicht verhüllen, sondern in kurzen Hosen oder bauchfreien Tops Haut zeigen. Sie erhalten ungefragt Ratschläge, dass sie besser auf ihre Gesundheit achten oder mehr Sport machen sollten. Und schon dicke Kinder bekommen mit Verweis auf ihren Körper zu hören, dass sie nicht noch mal in die Packung mit den Keksen greifen sollen. Außerdem leiden Menschen, die mehr Gewicht auf die Waage bringen, unter vielen Vorurteilen. So werden dicke Frauen im beruflichen Kontext als weniger kompetent und gebildet eingeschätzt. Viele halten stark übergewichtige Menschen für faul, willensschwach, undiszipliniert, unhygienisch, verantwortungslos und dumm.[5]

Die *Fat Acceptance*-Bewegung, die in den USA entstand[6], kämpft gegen die Stigmatisierung von dicken Menschen. Es ist auch ein feministischer Kampf, da dicke Mädchen und Frauen von dieser Diskriminierung besonders betroffen sind. Womöglich nicht nur, weil sie dem weiblichen Schönheitsideal nicht entsprechen, sondern auch, weil sie mit ihren Körpern mehr Raum einnehmen, als es unsere Gesellschaft Frauen gestattet:[7] Denn Raum beanspruchen üblicherweise vor allem Männer, wie man zum Beispiel in den öffentlichen Verkehrsmitteln sieht. Während Männer oft breitbeinig dasitzen – eine Körperhaltung, die auch als *Manspreading* bezeichnet wird –, schlagen Frauen die Beine übereinander, machen sich schmal. Sie verdünnisieren sich aus dem öffentlichen Raum. Dicke Mädchen und Frauen können das nicht.

Perfekte Normalos und Thigh-Gap-Challenge: Die Rolle sozialer Netzwerke

Es sind nicht nur die perfekten Frauenkörper in Medien und Werbung, die Mädchen und Frauen suggerieren, wie sie angeblich auszusehen haben. In den sozialen Netzwerken machen sie sich gegenseitig noch mehr Druck. All die Fotos in vorteilhaften Posen, die noch mal durch einen schmeichelnden Filter gejagt wurden, vermitteln: Nicht nur Models und Stars sehen immer blendend aus, sondern auch Menschen wie du und ich. Menschen, mit denen wir uns vergleichen. Etwa die beste Freundin, die Mitschülerin oder das Mädchen von der Party neulich.

Eine Studie aus den USA lässt vermuten, dass es vor allem diese Bilder von ganz normalen Menschen sind, die die Unzufriedenheit mit dem eigenen Körper fördern. In der Untersuchung sahen Versuchspersonen drei Fotos von Frauen im Bikini. Ihre Köpfe waren nicht im Bild. Danach wurden die Fotos der drei Frauen noch mal mit Kopf gezeigt und diese als Prominente »enttarnt«: Es waren die Schauspielerin Jessica Biel, Tennisspielerin Serena Williams und Model Candice Swanepoel. Bei den Versuchspersonen lösten die anonymisierten, kopflosen Bilder ein schlechteres Gefühl in Bezug auf den eigenen Körper aus als die Bilder mit den berühmten Gesichtern. Erklären lässt sich das so, dass bei Stars vielen bewusst ist, wie viel Arbeit sie investieren, um gut auszusehen. Die anonymen Fotos dagegen laden ein, sich zu vergleichen: Die Betrachterinnen denken eher, dass auch sie selbst eine solche Figur haben sollten.[8]

Dass insbesondere Instagram dazu genutzt wird, sich mit anderen zu vergleichen, zeigen die Körper-Challenges auf der Plattform. Nutzerinnen posten bei so einer Challenge Bilder, auf denen sie einen besonders schlanken Körperteil präsentieren, um so die Challenge zu »bestehen«. Bei der Thigh-Gap-Challenge ging es darum, im Stand mit geschlossenen Beinen eine Lücke zwischen den Oberschenkeln zu haben. Um bei der Bikini-Bridge-Challenge zu reüssieren, musste die Bikinihose quasi eine Brücke über dem Bauch bilden, da sie im Liegen auf den vorstehenden Hüftknochen auflag und zwischen Bikinihose und Bauch noch

Luft blieb. Und bei der A4-Challenge zeigten Teilnehmerinnen, dass ihre Taille so schmal ist, dass sie hinter einem hochkant davorgehaltenen A4-Blatt verschwand.

All diese Challenges haben gemeinsam, dass sie ein extrem dünnes Schönheitsideal propagieren. Für viele Mädchen und Frauen ist ein Thigh Gap oder eine A4-Taille schon rein anatomisch unerreichbar – egal, wie viel sie hungern oder Sport machen. Einer britischen Studie zufolge ist Instagram das soziale Netzwerk, das sich am negativsten auf das Körperbild von Teenagern und jungen Erwachsenen auswirkt.[9]

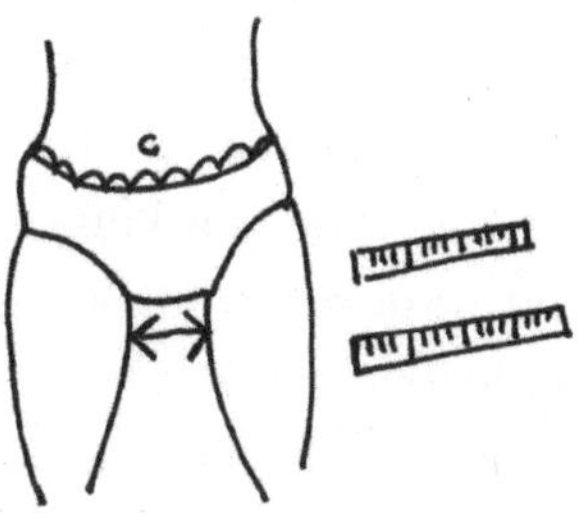

Alle Körper sind okay: Body Positivity

Gleichzeitig wurde in den vergangenen Jahren gerade über soziale Netzwerke wie Instagram die Body-Positivity-Bewegung bekannt.[10] Ihr Credo lautet: Jeder Körper ist liebenswert, so wie er ist. Damit stellt sich die *Body Positivity* gegen die ständige Bewertung von Körpern als »gut« oder »schlecht«, »schön« oder »hässlich«. Body Positivity steht für etwas, das eigentlich selbstverständlich sein sollte: Kein Mensch muss abnehmen, zunehmen, straffer oder pickelfrei werden, um seinen Körper zeigen oder irgendetwas mit ihm tun zu dürfen. Alle dürfen Leggins und bauchfreie Tops tragen, egal, ob irgendwo etwas schwabbelt. Auch Frauen mit kleinen Brüsten dürfen Dirndl tragen. Und niemand muss sich erst mit Sport und Diät eine Bikinifigur erarbeiten (oder gar eine Bikini Bridge), um in einen Bikini zu schlüpfen.

Bei Body Positivity geht es nicht darum, Körper gegeneinander auszuspielen und zur Abwechslung besonders dünne Frauen abzuwerten. Body Positivity steht also nicht für ein *anderes* Schönheitsideal, sondern dafür, sich von ausschließenden Idealen zu verabschieden und stattdessen die Schönheit in der Vielfalt zu sehen.

Auch wenn sich manche Mode- und Kosmetikmarken inzwischen Body Positivity auf die Fahnen schreiben und zum Beispiel ihre Kleidung von Plus-Size-Models präsentieren lassen oder Kampagnenbilder nicht retuschieren:[11] Die Schönheitsindustrie als Ganze profitiert sehr davon, dass Mädchen und Frauen glauben, ihr Körper sei optimierungsbedürftig. Irgendjemand muss ja die Anti-Cellulite-Creme, den Push-up-BH, das Fitnessprogramm für die Bikinifigur und die Bauch-weg-Unterwäsche kaufen. Unternehmen haben also ein großes Interesse daran, dass Frauen immer wieder neue Merkmale ihres Körpers als Makel betrachten, für die sie dann käufliche Lösungen anbieten. Die Feministin Laurie Penny drückt es überspitzt so aus: »Wenn alle Frauen dieser Erde morgen früh aufwachten und sich in ihren Körpern wirklich wohl und kraftvoll fühlten, würde die Weltwirtschaft über Nacht zusammenbrechen.«[12]

Schönheitsnormen und Gleichberechtigung

Waschbrettbauch, breite Brust und ein trainierter Bizeps: Auch für Jungs und Männer steigt der Druck, Schönheitsnormen zu erfüllen.[13] Auch sie werden in Medien, Werbung und sozialen Netzwerken massenhaft mit perfekten Körpern konfrontiert. Das klingt vielleicht auf den ersten Blick gerecht, ist aber keine positive Entwicklung. Denn der Druck, einem bestimmten Schönheitsideal zu entsprechen, tut niemandem gut.

Noch immer werden Mädchen und Frauen aber viel stärker nach ihrem Aussehen beurteilt als Jungs und Männer.[14] Das zeigt sich zum Beispiel am Phänomen des *Gender Pricing*. Der Begriff bedeutet, dass für ein Produkt oder eine Dienstleistung ein geschlechtsspezifischer Preisaufschlag existiert. So sind Dinge, mit denen Menschen etwas für ihre äußere Erscheinung tun, für Frauen häufig teurer. Beim Friseur kostet der Haarschnitt für sie mehr als für ihn, unabhängig von der Haarlänge. Die Reinigung einer Bluse ist teurer als die Reinigung eines Hemds. Und sogar der pinke Rasierer kostet mehr als das baugleiche blaue Exemplar für Männer.[15] Warum? Dienstleister und Handel kalkulieren offenbar damit, dass Frauen bereit sind, mehr Geld in ihr Aussehen zu investieren.

Wie essenziell gutes Aussehen für Mädchen und Frauen ist, zeigt auch eine Umfrage einer deutschen Frauenzeitschrift. In der Studie wurden Frauen gefragt, ob sie zehn Punkte ihres Intelligenzquotienten opfern würden, um einen Schönheitsmakel loszuwerden. Die Mehrheit antwortete mit Ja.[16]

Aber woran liegt es, dass vor allem Mädchen und Frauen so sehr an ihrem Aussehen gemessen werden? Die Feministin und Autorin Naomi Wolf ist der Meinung, dass der Druck, schön zu sein, für Frauen immer größer wird, je gleichberechtigter sie werden – und dass er dazu dient, sie weiterhin klein zu halten. »In dem Maß, wie es den Frauen gelang, sich vom Kinder-Küche-Kirche-Weiblichkeitswahn frei zu machen, übernahm der Schönheitsmythos dessen Funktion als Instrument sozialer Kontrolle«[17], schreibt sie in ihrem Buch »Der Mythos Schönheit«.

Hadern und Hungern: Folgen des Schönheitsdrucks

Die allermeisten Mädchen und Frauen können dem geltenden Schönheitsideal nicht genügen: Sie haben weder eine Figur mit den Maßen 90–60–90 noch einen Thigh Gap. So entwickeln viele ein negatives Körperbild und stellen sich Fragen wie: Sieht mein Hintern in dieser Jeans fett aus? Müsste ich nicht schlanker sein, um so ein Kleid tragen zu können? Zwar sind nur die wenigsten Mädchen im Teenageralter übergewichtig[18], doch schon mit 13 Jahren findet sich jede Zweite zu dick und mit 15 hat bereits jede Vierte eine Diät gemacht.[19] Jedes dritte Mädchen hat beim Essen ein schlechtes Gewissen:[20] Eis, Schokolade und Pizza werden zur »Sünde«.

2007 kam eine Untersuchung des Robert-Koch-Instituts zu dem beunruhigenden Ergebnis, dass knapp drei von zehn Mädchen zwischen 11 und 17 Jahren Symptome einer Essstörung zeigen.[21] Essstörungen treten heute häufiger auf als früher: Die Zahl der magersüchtigen jungen Frauen hat sich mehr als verdoppelt. Von 100 000 Frauen zwischen 15 und 24 Jahren litten früher 20 an Anorexie, inzwischen sind es 50. Mehr als jede zehnte Patientin stirbt infolge der Magersucht.[22]

Eine Essstörung ist eine komplexe Krankheit, die sich nicht auf eine einzige Ursache zurückführen lässt.[23] Doch bei ihrer Entstehung spielen das sehr dünne Schönheitsideal und die Stigmatisierung von Menschen mit Übergewicht eine große Rolle. Gleichzeitig eröffnet eine Essstörung den Betroffenen aber auch eine – wenn auch sehr zerstörerische – Möglichkeit, die Kontrolle über ihre Körper zu erlangen: Wenn die Gesellschaft unrealistische Erwartungen an das Aussehen von Mädchen und Frauen stellt, dann sind Hungern, Sich-Vollstopfen und Kotzen auch Wege, selbst über den eigenen Körper zu bestimmen.[24]

Zieh dir was an! Kleidungsvorschriften

Dürfen Mädchen in der Schule Hotpants anziehen? Nein, befand die Schulleiterin einer Schwarzwälder Realschule im Sommer 2015. Also schrieb sie einen Brief an die Eltern, in dem sie anmahnte: »... in letzter Zeit müssen wir gehäuft feststellen, dass Mädchen der Werkrealschule sehr aufreizend gekleidet sind.« Weil aber keine aufreizende Kleidung geduldet werden solle, so die Schulleiterin weiter, wolle die Schule gemeinsam mit Schülerinnen, Schülern und Eltern eine Kleiderordnung erstellen. Bis dahin gelte die Regel: »Wer zu aufreizend gekleidet ist (zum Beispiel bauchfreies Shirt, Hotpants ...), der bekommt von der Schule ein großes T-Shirt gestellt, das er/sie sich bis zum Schultagsende anziehen muss.«[25]

Auch wenn die T-Shirt-Regel an der Realschule für Mädchen wie für Jungs galt – die eigentlichen Adressatinnen der Vorschrift gehen klar aus dem Brief hervor: Schülerinnen, die knappe Kleidung tragen. Beziehungsweise »aufreizende« Kleidung. Die Wortwahl der Schulleiterin ist vielsagend. Das Wort »aufreizend« legt nahe, dass Hotpants und bauchfreie Oberteile jemanden »zu etwas reizen« könnten: etwa die Mitschüler dazu, die Beine oder Bäuche der Mädchen anzuschauen, statt dem Unterricht zu folgen. Bloß: Liegt es eigentlich in der Verantwortung einer Schülerin, dass ihr Mitschüler aufpasst? Ist nicht vielmehr das Verhalten des Jungen das Problem, wenn er ein Mädchen anstarrt, nur weil sie bei 30 Grad lieber etwas Luftiges anzieht? Eigentlich dürfen Schülerinnen und Schüler an einer öffentlichen Schule nämlich anziehen, was sie wollen.[26]

Im April 2018 gab es einen ähnlich gelagerten Fall an einer Highschool in Florida. Dort musste eine 17-Jährige den Unterricht verlassen, die unter ihrem grauen Langarmshirt keinen BH trug. Weil ab und zu ihre Brustwarzen durch den Stoff ihres Oberteils drückten, sollte sie zunächst ein weiteres Shirt anziehen, um ihre Brüste zusätzlich zu bedecken. Da die Schülerin im Zwiebel-Look nicht züchtig genug aussah, bekam sie auch noch Pflaster, um ihre Brustwarzen abzukleben. Die Begründung: Sie würde ihre männlichen Mitschüler sonst vom Unterricht ablenken. Das Mädchen beschwerte sich auf Twitter über die Reaktion ihrer Schule: Da sie ohne BH nicht am Unterricht teilnehmen durfte, sei die Ausbildung von Jungs offenbar deutlich wichtiger als ihre eigene. Außerdem sexualisiere die Schule ihren Körper.[27]

Es ist schon bizarr: Von Werbeplakaten blicken uns lauter halb nackte Frauen entgegen – und gleichzeitig sollen Mädchen und Frauen im echten Leben darauf achten, bloß nicht zu »aufreizend« angezogen zu sein. Und zwar nicht nur in der Schule. Anders als Jungs und Männer können Mädchen und Frauen ja auch nicht selbstverständlich oben ohne baden gehen oder in der Sonne liegen. Eigentlich seltsam, schließlich haben Männer ebenfalls Brustwarzen. Und manchmal, wenn sie etwas mehr wiegen, auch so was ähnliches wie einen Busen. Aber nackte Männeroberkörper sind eben einfach nur Oberkörper. Ihre Nacktheit ist, anders als die von Frauen, nicht sexuell aufgeladen.

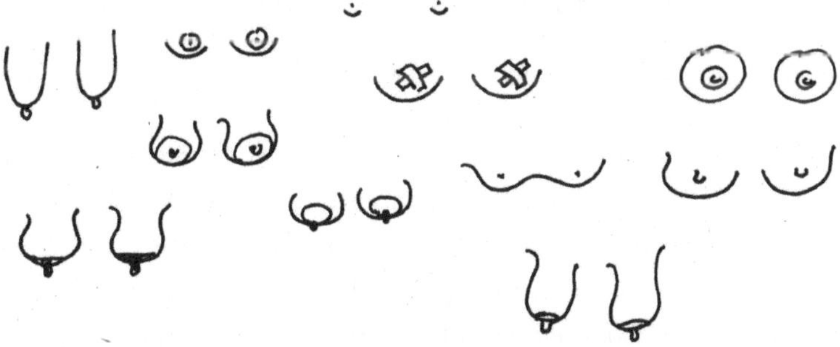

Das unsichtbare »Untenrum«

Vulva oder Vagina? Wenn von den weiblichen Geschlechtsorganen die Rede ist, geht immer wieder etwas durcheinander. Oft wird einfach alles, was Frauen zwischen den Beinen haben, fälschlicherweise als Vagina bezeichnet.[28]

Zur Klärung: Die *Vagina* bezeichnet die Scheide, also das schlauchförmige Organ innerhalb des Körpers, das zur Gebärmutter führt. *Vulva* werden die äußeren Geschlechtsteile genannt, also die Schamlippen, die Klitoris und der Venushügel.

Dass die Vulva sprachlich oft vergessen wird, ist aus feministischer Sicht bezeichnend, denn die äußeren Geschlechtsorgane der Frau werden in unserer Kultur auch selten abgebildet.[29] Sogar in manchem Biologiebuch sind sie schon vergessen worden.[30] Die Vulva ist in der Öffentlichkeit unsichtbar – ganz im Gegensatz zum omnipräsenten Penis, der auf Hauswände, Toilettentüren und Tafeln gemalt wird.

VIVA la VULVA

In der westlichen Kultur wird die Vulva schon seit Langem geradezu versteckt. Als vor über 200 Jahren die Idee aufkam, dass Männer und Frauen total gegensätzlich sind, und wie besessen nach biologischen Unterschieden zwischen den Geschlechtern gesucht wurde[31] (siehe Kapitel 3), ging das Wissen verloren, dass die Klitoris als weibliches Lustzentrum sozusagen der Penis der Frau ist[32], wie es davor oft hieß.

Stattdessen wurde das weibliche Genital nun allein durch die Vagina definiert: Vom heterosexuellen Geschlechtsverkehr aus gedacht ergänzte sie den männlichen Penis physisch perfekt. Die weiblichen Geschlechtsorgane wurden also auf ein »Loch« reduziert,[33] die Vulva verschwand. Welchen Einfluss diese Vorstellung wohl darauf hatte, dass die tatsächliche Größe der Klitoris erst 1998 (!) entdeckt wurde?[34]

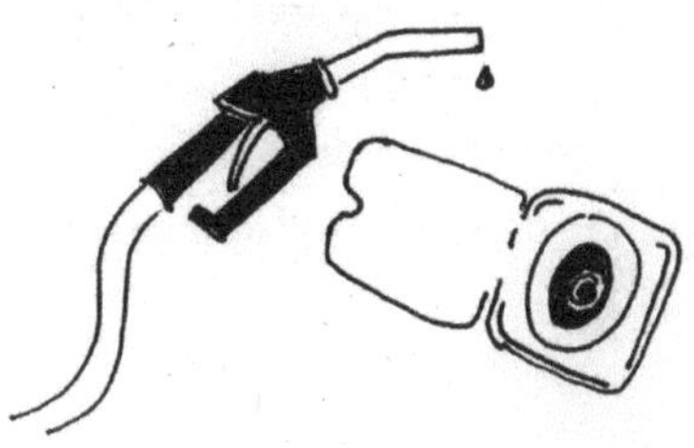

Die kulturelle Unsichtbarmachung der Vulva bietet (neben Pornos) auch eine Erklärung dafür,[35] warum sich immer mehr Frauen die Schamlippen verkleinern lassen.[36] Denn seitdem sich die Enthaarung des Intimbereichs durchgesetzt hat, ist die Vulva nicht mehr von Schamhaaren verdeckt, sondern optisch viel präsenter – und manche Mädchen und Frauen empfinden das, was kulturell nicht da sein sollte, als hässlich.

Blaues Blut: Tabu Menstruation

Genauso unsichtbar wie die Vulva ist in unserer Kultur die Menstruation. Obwohl die Hälfte der Menschheit jahrzehntelang ihre Tage kriegt, ist die Periode mit einem Tabu belegt. Jungs und Männer sollen von der Menstruation bloß nichts mitkriegen, nach Tampons wird im Flüsterton gefragt, genauso heimlich werden sie auf die Toilette geschmuggelt und in der Werbung saugen Binden blaues »Blut« auf. Echtes Menstruationsblut oder auch nur eine rote Flüssigkeit? Wie eklig, das will doch niemand sehen – so denken nicht nur die Hersteller von Hygieneartikeln, sondern so lautete auch die Devise bei Instagram. Das soziale Netzwerk löschte 2015 ein Foto der auf einem Bett liegenden Künstlerin Rupi Kaur, weil auf ihrer Jogginghose und dem Laken ein Blutfleck zu sehen war. Erst nach Protest nahm Instagram die Löschung des Bildes zurück.[37]

Das Tabu rund um die Menstruation ist Tausende Jahre alt.[38] Bis vor einigen Jahrzehnten galt Menstruationsblut als giftig[39] – und es kursierten Ratschläge wie: Während der Regel sollten Frauen kein Obst einkochen, keine Sahne schlagen und sich keine Dauerwelle machen lassen. Das ist natürlich alles Quatsch, es gibt keinerlei wissenschaftliche Grundlage für diese Empfehlungen.[40] In einigen anderen Kulturen gilt Menstruationsblut aber auch heute noch als unrein.[41] In Indien, Nepal, Kenia, Ghana und in ländlichen Regionen von Venezuela zum Beispiel werden Millionen Mädchen und Frauen wegen der Blutung sogar jeden Monat aus der Gesellschaft ausgegrenzt – nach jeweils etwas anderen Regeln. Sie dürfen beispielsweise den Trinkbrunnen nicht benutzen, den Tempel nicht betreten[42], keine Kühe melken und kein Essen kochen. Und obwohl es seit 2005 verboten ist, werden menstruierende Mädchen und Frauen in Nepal weiterhin in abgelegene Lehmhütten oder Viehställe verbannt. Dort werden sie mitunter von wilden Tieren angegriffen oder von Männern vergewaltigt.[43]

Seit einigen Jahren tragen junge Frauen, darunter viele Künstlerinnen wie Rupi Kaur in ihrer blutigen Jogginghose, die Menstruation in die Öffentlichkeit. Um das Thema zu enttabuisieren, malen sie Bilder mit Menstruationsblut[44] und stricken Schals aus Wolle, die sie in ihre Vagina eingeführt hatten.[45] Eine Amerikanerin lief während ihre Periode einen Marathon, ohne einen Tampon zu tragen, sodass sie sichtbar blutete. Und eine Schülerin aus Karlsruhe befestigte Binden mit feministischen Botschaften an Straßenlaternen, Bushaltestellen und Mauern ihrer Heimatstadt. Auf einer Binde stand beispielsweise: »Stell Dir vor, Männer wären genauso angeekelt von Vergewaltigungen wie von der Periode.«[46]

Die Freiheit, selbst über den eigenen Körper zu entscheiden

Fassen wir nochmal zusammen: In unserer Gesellschaft werden unerreichbare Schönheitsideale propagiert, sexualisierende Kleidungsvorschriften durchgesetzt und ein natürlicher Vorgang tabuisiert. Weibliche Körper sind in unserer Gesellschaft zahllosen Geboten und Verboten unterworfen. Feministinnen und Feministen kritisieren das – und deshalb sind sie die Letzten, die Mädchen und Frauen irgendwelche Vorschriften machen wollen, was sie mit ihren Körpern tun oder lassen sollen. Jede soll selbst entscheiden, ob sie sich schminkt oder ihre Achselhaare mit Stolz trägt. Denn feministisch ist, dass Mädchen und Frauen selbst über ihren Körper bestimmen.

KAPITEL SECHS

Geschlechtergerechte Sprache: Von Sternchen und Binnen-Is

Die Frau ist nicht der Rede wert.

Luise F. Pusch, geboren 1944, Sprachwissenschaftlerin und Mitbegründerin der feministischen Linguistik in Deutschland

Marlies Krämer ist Rentnerin, Feministin und Kundin der Sparkasse Saarbrücken. Weil ihre Bank sie aber in Formularen nicht als »Kundin«, »Kontoinhaberin« oder »Einzahlerin« ansprach, sondern als »Kunde«, »Kontoinhaber« und »Einzahler«, wehrte sie sich: Marlies Krämer will, dass sie als Frau in allen Formularen auch mit einer weiblichen Anrede angesprochen wird. Im Alter von 80 Jahren ist sie deshalb vor den Bundesgerichtshof gezogen.

Natürlich geht es Marlies Krämer um mehr als um irgendwelche Sparkassen-Formulare. Seit fast 30 Jahren kämpft sie für eine weiblichere und gerechtere Sprache. In den Neunzigerjahren verzichtete sie jahrelang auf einen neuen Pass, bis sie ihn schließlich als »Inhaberin« unterschreiben konnte. Vorher stand in der Unterschriftenzeile nämlich nur »Inhaber dieses Ausweises«. Später sammelte sie Unterschriften für weibliche Wetter-Hochs – ebenfalls mit Erfolg: Seit 1999 werden sie im jährlichen Wechsel nach

Männern und Frauen benannt. Davor bekamen Hochdruckgebiete immer männliche Namen, Tiefdruckgebiete weibliche. Unfair, fand Marlies Krämer: Schließlich denken Menschen so bei gutem Wetter an Männer und bei schlechtem Wetter an Frauen.[1] Marlies Krämer weiß um die Macht der Sprache, deshalb engagiert sie sich so vehement dagegen, dass dadurch Frauen ausgeschlossen oder mit Regenwolken in Verbindung gebracht werden.

Außer den Männern sollen sich alle mitgemeint fühlen

Genannt werden die Männer, gemeint sind alle – das ist im Deutschen Normalzustand. »Generisches Maskulinum« wird diese Praxis meistens genannt. Eine Praxis, die zunächst einmal ungenau ist. Denn einerseits soll die männliche Form für das Allgemeine stehen: Alle Menschen sollen sich von ihr angesprochen, sich »mitgemeint« fühlen. Andererseits gilt die männliche Form aber auch spezifisch für Jungen und Männer, wenn es um Menschen männlichen Geschlechts geht. Die mangelnde Präzision ist also offensichtlich: Wenn von einer Gruppe Schülern die Rede ist, bleibt völlig unklar, ob auch Mädchen darunter sind.

Das Mitmeinen durch das sogenannte »generische Maskulinum« hat durchaus etwas Absurdes an sich: Im Deutschen (und auch in einigen anderen Sprachen) reicht bei einer Gruppe von 100 Menschen ein einziger Mann, damit trotz 99 gleichzeitig anwesender Frauen von 100 Journalisten, 100 Köchen oder 100 Gärtnern die Rede ist. Der männliche Plural macht all die Journalistinnen, Köchinnen und Gärtnerinnen unsichtbar.

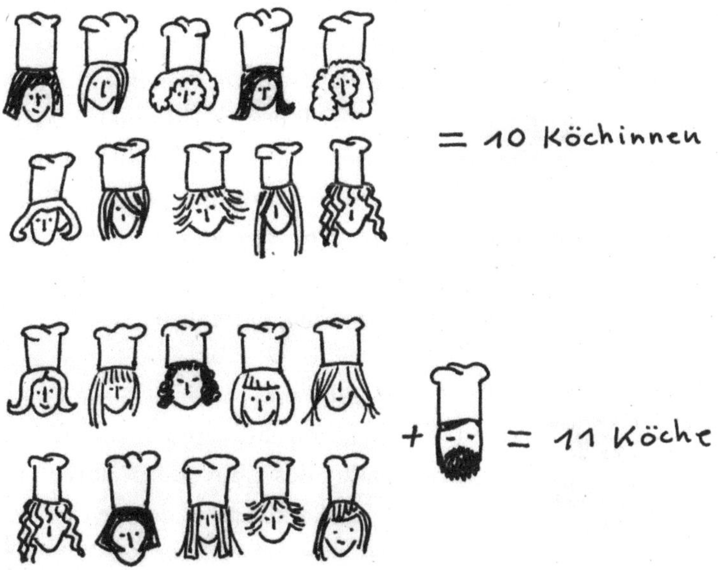

Sprache beeinflusst, wie wir die Welt sehen

Die deutsche Sprache ist also nicht gerade neutral – und das ist ein Problem. Denn mit Sprache beschreiben wir nicht nur unsere Welt. Sie beeinflusst auch, wie wir sie wahrnehmen, völlig egal, was eigentlich gemeint ist. Wissenschaftliche Studien zeigen, dass Menschen erst mal von Männern ausgehen, wenn von Vegetariern und Sportlern die Rede ist, sie die Frauen also eben nicht automatisch mitdenken. Formulierungen wie »weibliche Chirurgen« verwirren Testpersonen, wenn sie einen Text lesen. »Männliche Chirurgen« lösen dagegen keine Irritationen aus. Um männliche

Formen als allgemein gemeint zu interpretieren, muss das Gehirn erst mal »strategisch umdenken«. Spontan versteht es das Maskulinum nicht generisch.[2]

Es wird aber noch ein bisschen vertrackter. Denn wenn wir lesen oder zuhören, tun wir das unter dem Einfluss unserer Vorstellungen, was »typisch männlich« und »typisch weiblich« ist. Die Sprachwissenschaft zeigt, dass Versuchspersonen bei manchen Begriffen, zum Beispiel bei »Polizisten«, »Statistikern« und »Physikstudenten«, eher an Männer denken. Bei »Kassierern«, »Kosmetikern« und »Psychologiestudenten« denken sie eher an Frauen.[3]

JUDITH BUTLER (GEBOREN 1956)

Die US-amerikanische Sprachwissenschaftlerin und Philosophin Judith Butler gilt nicht nur als Begründerin der Gender Studies, sie ist eine Art Popstar der Wissenschaft. Mit ihrer Studie »Das Unbehagen der Geschlechter« revolutioniert sie 1990 die feministische Theorie, denn Butler stellt eine neue Perspektive auf das Phänomen Geschlecht vor: Sie unterscheidet nicht zwischen dem biologischen Sex und dem sozial konstruierten Gender, wie es zuvor üblich ist. Für Butler gibt es nur ein sozial konstruiertes Geschlecht – und das muss weder männlich noch weiblich sein, sondern kann unendlich viele Ausprägungen haben. Butlers Ansatz ist extrem einflussreich, wird aber auch scharf kritisiert.

Varianten geschlechtergerechter Sprache

Es geht also besser – nämlich präziser und gerechter. Im Deutschen gibt es mehrere Varianten, um Sprache zu »gendern«, also geschlechtersensibel zu formulieren. Wobei der Ausdruck »gendern« etwas irreführend ist. Denn die deutsche Sprache ist durch das verallgemeinernde Maskulinum ja bereits gegendert – nur eben zugunsten von Männern. Wer im alltagssprachlichen Sinne gendert, will aber nun gerade kein Geschlecht hervorheben, sondern die Vielfalt sichtbar machen: Es gibt Männer, es gibt Frauen, und es gibt Menschen, die sich in diesen beiden Kategorien nicht wiederfinden – und alle sollen gemeint sein. Um diesen Unterschieden gerecht zu werden, gibt es verschiedene Alternativen zum »generischen Maskulinum«.

bInnen

Statt den Begriff »Schüler« zu verwenden, um eine Gruppe Menschen, die zur Schule geht, zu beschreiben, ist es zum Beispiel auch möglich, zwei Geschlechter zu nennen und »Schülerinnen und Schüler« zu schreiben. Wem das zu lang ist, der kann auch nur den weiblichen Plural nutzen und dabei das Binnen-I groß schreiben, also »SchülerInnen«. Oder sie schreibt »Schüler/innen«. Oder er wechselt beide Formen ab, sagt also mal »Schüler« und mal »Schülerinnen«. Oder eben – wie hier gerade – mal »er« und mal »sie«, wenn eigentlich kein bestimmtes Geschlecht gemeint ist.

Eine andere Möglichkeit des Genderns ist es, den Spieß umzudrehen, also von Mädchen und Frauen zu sprechen und dabei Jungen und Männer mitzumeinen: zum Beispiel einfach immer »Schülerinnen« zu sagen, auch wenn keine rein weibliche Gruppe gemeint ist. Diese Variante nennt sich »generisches Femininum«. Verwendet wird diese Form unter anderem an der Universität Leipzig.[4] Das »generische Femininum« irritiert und macht so auf die Ungerechtigkeit des üblichen Sprachgebrauchs aufmerksam. Genau wie das »generische Maskulinum« stiftet es aber Verwirrung, denn es ist genauso unpräzise: Es ist ja nicht unbedingt klar, ob nun andere Menschen außer den explizit genannten Frauen mitgemeint sein sollen – oder nicht.

Das große Binnen-I, der Schrägstrich und die Nennung von zwei Geschlechtern sind zwar übliche Varianten des Genderns, aber nicht konsequent inklusiv. Schließlich sind sie das sprachliche Abbild einer Welt, in der es angeblich nur Männer und Frauen gibt. Wer sich in der binären Geschlechterordnung nicht zu Hause fühlt, bleibt dabei ausgeschlossen. Um über Menschen unabhängig von ihrem Geschlecht zu sprechen, bieten sich deshalb neutrale Formen ohne Geschlechtsmarkierung an – eine Variante, die auch in diesem Buch viel genutzt wird: Es heißt dann »alle« statt »jeder« und »Team« statt »Mannschaft«.

Sehr häufig werden als neutrale Alternative auch substantivierte Partizipien verwendet, etwa »Teilnehmende« statt »Teilnehmerinnen« und »Teilnehmer«. Dafür ist allerdings ein passendes Verb wie in diesem Fall »teilnehmen« nötig. Wer eine Alternative zu »Schülerinnen, Schüler und alle weiteren Menschen, die eine Schule besuchen« sucht, dem hilft der Trick mit dem Partizip also nicht. Für die Menschen, von denen sie unterrichtet werden, funktioniert er aber schon: Statt von »Lehrern« oder »Lehrerinnen« lässt sich auch von »Lehrenden« sprechen. Das klingt heute noch ungewohnt, hat sich in einem anderen Fall aber längst etabliert: Menschen, die an einer Hochschule studieren, werden inzwischen häufig als »Studierende« bezeichnet statt als »Studenten« und »Studentinnen«.

Widerstand gegen das »Gendern«

Die Partizipialformen und andere eher unauffällige Formen des Genderns werden oft von Menschen bevorzugt, die zwar geschlechtergerecht sprechen und schreiben, aber daraus keine große Sache machen möchten. Denn wer auffälliger gendert, dem begegnen häufig Ablehnung und der Vorwurf, ideologisch und nicht objektiv zu sein.

Diese Erfahrung hat zum Beispiel Lann Hornscheidt gemacht. Hornscheidt fühlt sich weder als Mann noch als Frau und hatte bis 2016 an der Humboldt-Universität zu Berlin eine Professur inne. 2014 hatte Hornscheidt eine neue Form des Genderns mit der Endung -x vorgeschlagen: Eine Mail an Hornscheidt könnte dann mit den Worten »Sehr geehrtx Profx. Lann Hornscheidt« beginnen. (Gesprochen: »geehrtiks Profiks«). Der Gedanke hinter diesem Vorschlag: Alles, was eine Person einem bestimmten Geschlecht zuordnet, kann so vermieden und das System der Zweigeschlechtlichkeit würde durchkreuzt werden. Lann Hornscheidt wurde daraufhin mit Hass und Häme überschüttet. So lustig Hornscheidts Idee klingen mag, die Reaktionen darauf waren es nicht: Ein Facebook-User empfahl zum Beispiel, Hornscheidt einschläfern zu lassen.[5]

Das Gendern mit x hat sich bisher nicht durchgesetzt. Üblicher sind heute zwei andere auffällige Formen geschlechtersensibler Sprache: das Sternchen und der Unterstrich – auch bekannt als Gendersternchen und Gender Gap. Sternchen und Unterstrich sind nicht nur geschlechtergerecht, sondern auch eine kurze Alternative zum umständlichen »Schülerinnen, Schüler und weitere Menschen, die zur Schule gehen«. Stattdessen heißt es knapp »Schüler*innen« oder »Schüler_innen«.

Sternchen und Unterstrich sind eine offensive Form zu zeigen, dass dir gerechte Sprache wichtig ist. Das kann aber natürlich nicht nur Gegenwind hervorrufen, sondern genauso Begeisterung von Gleichgesinnten – oder auch interessierte Nachfragen von Menschen, die diese Formen noch nicht kennen: eine Chance, um ihnen zu erklären, warum das angeblich generische Maskulinum und das »Mitmeinen« nicht neutral, sondern ungenau und ungerecht sind.

Doch der Gegenwind ist häufig scharf. Dabei fallen immer wieder die gleichen Argumente: Geschlechtersensible Sprache sei nicht schön, unter ihr leide die Lesbarkeit von Texten – und außerdem: Warum unsere Sprache künstlich umformen? So sprechen wir doch schon immer! Die letzte Kritik ist schnell widerlegt: Sprache verändert sich konstant. Eine unverheiratete Frau mit »Fräulein« anzusprechen gilt heute als herablassend, früher war das üblich.

Auch die Lesbarkeit von Texten leidet durch die gerechteren Formulierungen nicht: Gezeigt hat das eine Studie, in der Versuchspersonen die Packungsbeilage eines Medikaments lesen mussten. Eine Gruppe bekam einen Beipackzettel, der im »generischen Maskulinum« formuliert war, also zum Beispiel Formen wie »Diabetiker« und »Patienten« enthielt. Die Packungsbeilage der zweiten Gruppe verwendete neutrale Formen wie »Personen« und Beidnennungen wie »Diabetikerinnen und Diabetiker«, die dritte Gruppe las eine Fassung, in der mit Binnen-I gegendert wurde, also »DiabetikerInnen« geschrieben wurde. Anschließend mussten die Versuchspersonen einen Test machen, wie gut sie sich an das Gelesene erinnern konnten – ein objektives Maß für Verständlichkeit –, und sollten außerdem beurteilen, wie verständlich und lesbar sie den Text fanden. Das Studienergebnis: Geschlechtergerechte Sprache hat keinen negativen Einfluss auf die Verständlichkeit und Lesbarkeit von Texten, allerdings glauben männliche Leser das.[6]

Die angebliche Schönheit des Maskulinums ist wiederum ein vielsagendes Argument: Abgesehen davon, dass diese Behauptung natürlich auf subjektivem Empfinden beruht, ist Sprache sowieso nicht immer schön. Gegen juristische Paragrafen wird trotzdem nicht mit dem gleichen Furor protestiert wie gegen das Gendern. Wer mit der Ästhetik argumentiert, könnte sich zudem einmal die Frage stellen: Was ist mir eigentlich wichtiger – eine schöne oder eine faire Sprache?

Ein weiterer, ebenfalls gelegentlich vorgebrachter Punkt gegen gendergerechte Sprache lautet: »Schüler*innen« schreiben, meinetwegen, aber das klingt doch seltsam! Sollen wir etwa alle in Zukunft »Schüler-Sternchen-innen« sagen? Menschen, die Wert auf eine gerechte Sprache legen, haben längst eine Lösung für die Schüler*innen gefunden: An der Stelle des Sternchens (oder des Unterstrichs) machen sie eine kurze Pause und sagen Schüler-innen. Sie binden also nicht zwischen »r« und »i« wie bei den »Schülerinnen« – der Gruppe Mädchen, die eine Schule besucht.

Es gibt also viele Möglichkeiten und gute Gründe, der Sprache das exklusiv Männliche auszutreiben. Die Sparkasse Saarbrücken wird erst mal trotzdem keine Kundinnen haben – und KundInnen, Kund_innen, Kund*innen und Kundx wohl erst recht nicht. Der Bundesgerichtshof entschied im März 2018, dass Marlies Krämer keinen Anspruch darauf hat, von ihrer Bank als »Kundin« oder »Einzahlerin« angesprochen zu werden. Der Vorsitzende Richter räumte zwar ein, dass es Kritik am generischen Maskulinum gebe und darin teilweise eine Benachteiligung von Frauen gesehen werde. Aber da auch geltende Gesetze im verallgemeinernden Maskulinum formuliert seien, könne von einer Bank nicht verlangt werden, die sprachliche Gleichstellung der Geschlechter anders zu handhaben.[7] Marlies Krämer will nun vor der nächsten Instanz für gerechtere Sprache streiten und vors Bundesverfassungsgericht ziehen.[8]

KAPITEL SIEBEN

Love Is Love? Beziehungen, Liebe und Sexualität

Ich denke, die Welt braucht mehr Freude, Liebe und Orgasmen. Wir sind eine lustfeindliche Gesellschaft. Leiden ist viel akzeptierter. Und ich will Frauen sagen, dass sie mächtige sexuelle Wesen sind, denen meistens aber die Verbindung dazu fehlt, weil sie dazu erzogen werden, Männern zu gefallen.

Annie Sprinkle (geboren 1954), Performancekünstlerin, promovierte Sexualwissenschaftlerin und ehemalige Pornodarstellerin[1]

Das Foto eines Kusses ließ im März 2018 die deutschen Medien ausflippen. Auf dem Bild zu sehen: Die Modelshow-Produzentin Heidi Klum, 44, küsst den Tokio-Hotel-Gitarristen Tom Kaulitz, 28. Sie ist 16 Jahre älter als er – kein Artikel scheint damals ohne diesen Hinweis auszukommen. »Kein Problem«, urteilt *stern.de* gnädig, aber »kurios« sei der Altersabstand schon – und rechnet anschließend vor, dass Kaulitz noch in der Grundschule war, als Model Klum schon in Bademode und Unterwäsche posierte.[2] Es klingt irgendwie schmutzig und unmoralisch.

Es gibt einige Gründe, mit Heidi Klum nicht einverstanden zu sein – etwa wegen des Frauenbilds und Schönheitsideals, die sie in ihrer Sendung *Germany's Next Topmodel* vermittelt (siehe Kapitel 4). Doch sie zu kritisieren, weil ihr neuer Freund deutlich jünger ist als sie, zeigt vor allem, dass in unserer Gesellschaft sehr klare Vorstellungen existieren, wer mit wem knutschen darf. Die Beziehung eines älteren Mannes mit einer jungen Frau wird allgemein akzeptiert, die umgekehrte Konstellation aber nicht. Die Dating-Polizei beäugt ein Paar auch noch in einigen anderen Fällen misstrauisch: Sie ist größer als er? Sie hat einen Doktortitel, er einen Realschulabschluss? Sie ist keine klassische Schönheit, er sieht aus wie ein Supermodel? Ja, kann das denn langfristig funktionieren zwischen den beiden?, fragen sich das Umfeld und die Medienwelt da. Und zeigen damit vor allem, wie wirkmächtig Geschlechterrollen auch dann sind, wenn es um die Liebe geht: Männer sollen Versorger sein, Frauen das schöne Geschlecht.

Im Sommer 2015 erschien auf *bravo.de* ein Online-Artikel, in dem das Jugendmagazin seinen Leserinnen Hilfe beim Flirten anbot. »100 Tipps für eine Hammer-Ausstrahlung« versprach die *Bravo* allen Mädchen, die wissen wollten, wie sie bei Jungs gut ankommen. Sie riet unter anderem: »Viele Jungs stehen auf frische Girlwangen. Benutze immer Rouge – das wirkt gesund und sexy auf Typen!« und »Sprich ein wenig tiefer, wenn dein Schwarm in der Nähe ist. Das wirkt sexy und reifer.« Ein weiterer Ratschlag lautete: »Anhängerringe klimpern so wunderbar sexy, dass die ganzen Jungs sich nach dir umdrehen werden.« Insgesamt 13 Tipps auf dieser Liste erklärten, wie Mädchen angeblich sexy wirken. Damit verbunden war allerdings die

Empfehlung, es auf keinen Fall zu übertreiben: »Style dich bloß nicht zu sexy. Tiefe Ausschnitte und superkurze Röcke kommen in Jungsaugen eher schlampenhaft rüber.«

Schlampen und Jungfrauen

Sei sexy, aber bloß keine Schlampe! Mit dieser widersprüchlichen Botschaft hat die *Bravo* ein Paradebeispiel für eine zutiefst frauenfeindliche Praxis namens *Slut Shaming* geliefert. Auf Deutsch bedeutet der Ausdruck *Schlampen beschämen*. Beim *Slut Shaming* werden Frauen und Mädchen für das Ausleben ihrer Sexualität angegriffen, und dazu müssen sie nicht einmal Sex haben. Es reicht, dass sie knappe oder enge Kleidung tragen oder »zu viel« Make-up (nach wessen Maßstab eigentlich?), das sie angeblich »nuttig« aussehen lässt. Die Wortwahl offenbart, dass es tatsächlich um den Sex geht, den sie nicht haben sollen.

Eine Frau »Schlampe«, »Nutte«, »Hure« oder »Nymphomanin« zu nennen, weil sie mit »zu vielen« Männern schlafen oder »zu schnell« mit jemandem ins Bett geht, ist *Slut Shaming* in Reinform. Es gibt auch Männer, die über Frauen mit vielen Sexpartnern so frauenfeindliche Dinge sagen wie dass sie eine »ausgeleierte Pussy« hätten und Sex mit ihnen deshalb unbefriedigend sei. Doch auch manche Mädchen und Frauen werfen es ihren Geschlechtsgenossinnen vor, wenn sie »herumhuren«. Beim *Slut Shaming* zeigt sich außerdem eine gesellschaftliche Doppelmoral. Denn sexuell aktiven Jungs und Männern droht keine soziale

Ächtung. Sie gelten als »Player« oder, etwas altmodischer, als »Casanovas«.[4]

Slut Shaming ist nur einer von vielen Versuchen, die weibliche Sexualität zu kontrollieren.[5] Ein anderes Beispiel für dieses Kontrollbedürfnis ist die in einigen Religionen und Gesellschaften übliche Erwartung, dass Frauen als Jungfrau in die Ehe gehen sollen. In den USA will immerhin jedes achte Mädchen als Jungfrau heiraten. Auf von christlichen Gruppen organisierten Purity-Bällen schwören Teenagermädchen Enthaltsamkeit bis zur Hochzeit.[6] In Afghanistan kann Sex vor der Ehe mit Gefängnis bestraft werden.[7] Die Sexualmoral in Deutschland ist zwar lockerer, aber auch hierzulande lassen manche muslimische Frauen ihr Hymen (das sogenannte »Jungfernhäutchen«) rekonstruieren, um in der Hochzeitsnacht den Eindruck zu erwecken, noch nie Sex gehabt zu haben.

Der Kult um die weibliche Jungfräulichkeit hat einen einflussreichen Mythos geschaffen: den Irrglauben, am Zustand des Hymens lasse sich erkennen, ob eine Frau bereits Geschlechtsverkehr hatte. Dabei ist das oft gar nicht möglich. Die Bezeichnung »Jungfernhäutchen« trägt allerdings dazu bei, dass sich dieser Mythos hartnäckig hält. Ebenso falsch ist die Annahme, dass es immer blute, wenn eine Frau zum ersten Mal mit einem Mann schläft. Denn das Hymen ist keine geschlossene Membran, sondern eher eine Art elastischer Gewebesaum, der den Scheideneingang umgibt. Wie es genau aussieht, ist Veranlagung, aber meistens erinnert es in seiner Form eher an ein Scrunchie-Haargummi als an ein Stück Frischhaltefolie.[8]

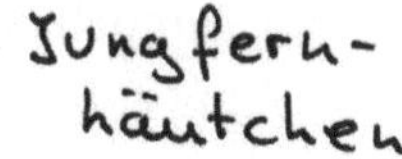

Immer sexy, bloß nicht prüde

Sexuell angeblich zu aktive Frauen werden abgewertet, doch gleichzeitig ist da ja dieses Gebot, sexy zu sein: Das propagieren nicht nur die Flirttipps der *Bravo*, sondern auch die halb nackten Models, die für Pizza und Hostels werben (siehe Kapitel 4). Auch Mädchen und Frauen vermitteln sich gegenseitig dieses Ideal, wenn sie schmollmündige Selfies in sexy Posen auf Instagram posten. Denn auch wenn eine Frau nicht »leicht zu haben« sein soll, heiß und stets zum Sex bereit soll sie bitte schon sein. Und sowieso offen für alles, was es in Pornos zu sehen gibt. Selbstbestimmt zu entscheiden, noch nicht oder gerade kein Interesse an Intimitäten zu haben, gilt schnell als »prüde«, »spießig« oder »verklemmt«. Dabei ist es ganz normal, dass Menschen – und zwar Menschen aller Geschlechter – nicht immer Lust auf Sex haben. Und ebenso, dass nicht alle auf die gleichen Sexualpraktiken stehen.

Die Norm, immer wollen und können zu müssen, setzt Männer vielleicht sogar noch stärker unter Druck als Frauen. Denn bis heute wirkt in unserer Gesellschaft das Klischee, dass Männer eher Sex als Beziehungen wollen und eine triebhafte, quasi unkontrollierbare Sexualität hätten. Frauen dagegen würden vor allem Beziehungen suchen und hätten angeblich ein schwächeres sexuelles Bedürfnis. Diese Vorstellung von dauergeilen Männern und asexuellen Frauen entstand im 19. Jahrhundert, als mit den behaupteten Gegensätzen zwischen den Geschlechtern die gesellschaftliche Vormachtstellung von Männern verteidigt wurde (siehe Kapitel 3). Davor war es übrigens genau umgekehrt: Die Frau galt als lüsterne Verführerin, im Gegensatz zum vernünftigen Mann.[9]

Das Gebot zu gefallen

Die 100 Tipps der *Bravo* zeigen aber auch noch andere sexistische Normen, die unsere Vorstellungen von Sexualität und Liebe prägen. Eine dieser Normen lautet: Mädchen sollen und wollen Jungs gefallen. Und um ihnen zu gefallen, müssen sie an sich arbeiten, so rät es auch die *Bravo* – wir erinnern uns an die Tipps: Mädchen müssen die richtigen Klamotten und das richtige Make-up tragen und am besten auch ihre Stimme verstellen. Was den Mädchen selbst gefällt, ist dagegen egal. Es geht nur darum, wie sie bei Jungs ankommen und was Jungs wichtig ist: »Verzichte bei Klamotten und Accessoires auf die Farbe Rosa! Alle Jungs hassen sie!« empfiehlt die Redaktion, außerdem: »Schaff durch dein Styling Nähe zu deinem Traumjungen. Er steht auf eine bestimmte Band? Leg dir ein Shirt der Band oder ein Schlüsselband mit ihrem Band-Logo zu – das lässt dich cooler auf Jungs wirken!« Was für ein seltsamer Rat – wäre es nicht naheliegender, ein T-Shirt der eigenen Lieblingsband zu tragen?

Weil Mädchen nicht nur von der *Bravo* eingebläut wird, dass sie sich und ihre Wünsche zurücknehmen sollen, sondern generell lernen, dass Mädchen bescheiden und still zu sein haben, nehmen sie das auch in ihr Liebesleben mit. Die Folge ist, dass viele sich wenig mit ihren eigenen sexuellen Wünschen beschäftigen und sie oft auch gar nicht so genau kennen. Stattdessen lassen sich diese Frauen im Bett oft auf Sachen ein, die ihnen gar keinen Spaß machen. Ihrem Partner täuschen sie womöglich trotzdem einen Orgasmus vor: Das macht ihn nämlich angeblich glücklich.[10]

In einer amerikanischen Studie wurden 52000 Menschen gefragt, ob sie im zurückliegenden Monat einen Orgasmus hatten. 95 Prozent der heterosexuellen Männer bejahten das, aber nur 65 Prozent der heterosexuellen Frauen: ein Unterschied von 30 Prozent. Der hat weniger mit der Orgasmusfähigkeit von Frauen zu tun als damit, dass seine Lust offenbar wichtiger ist als ihre, wenn ein Mann und eine Frau miteinander Sex haben – denn die Orgasmus-Quote von Lesben lag bei 86 Prozent.[10]

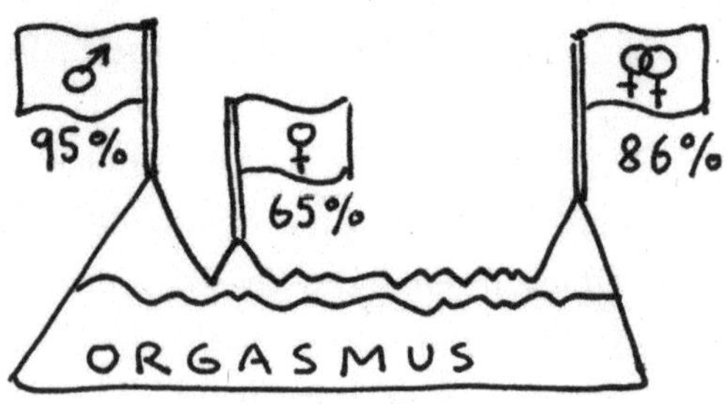

Wer liebt wen?

Sehr viele Menschen haben sich im Sommer 2015 über die Ratschläge der *Bravo* empört. Die Redaktion nahm daraufhin sogar den Artikel aus dem Netz und entschuldigte sich für die missglückten Flirttipps.[11] Wenig thematisiert wurde in der Kritik an der Liste allerdings, dass die Flirttipps ganz selbstverständlich voraussetzten, dass Mädchen sich in Jungen und Jungen sich in Mädchen verlieben. Wahrscheinlich, weil das einfach als Standard angenommen wird. Auch die Sextipps in Frauen- und Männermagazinen richten sich konsequent an eine heterosexuelle Zielgruppe. Denn über Liebe und Sex herrscht in unserer Gesellschaft automatisch die Vorstellung: Mädchen liebt Junge oder Mann begehrt Frau. Vergessen werden Lesben, Schwule, bisexuelle, pansexuelle und asexuelle Menschen. Diese gesellschaftliche Norm nennt sich Heteronormativität. Das bedeutet, dass nur die Liebe zwischen einem Mann und einer Frau als normal betrachtet wird.

SEXUELLE ORIENTIERUNG

In wen verliebe ich mich, wen begehre ich? Diese Empfindungen werden sexuelle Orientierung genannt. Heterosexuelle Männer und Frauen fühlen sich emotional und sexuell zum jeweils anderen Geschlecht hingezogen. Schwule Männer stehen auf Männer, lesbische Frauen auf Frauen. Bisexuelle Menschen fühlen sich sowohl zu Männern als auch zu Frauen hingezogen. Pansexuelle lieben und begehren eine Person unabhängig von ihrer Geschlechtsidentität. Asexuelle empfinden keine oder nur sehr wenig sexuelle Anziehung zu anderen Menschen. Manche von ihnen möchten sich aber sehr wohl emotional binden.

Heteronormativität zeigt sich auch in der begrenzten Akzeptanz von Schwulen und Lesben. In einer Umfrage im Jahr 2016 sagten knapp zehn Prozent der Befragten, Homosexualität sei unmoralisch. Fast jeder Fünfte fand sie unnatürlich. Wahrscheinlich denken noch mehr Menschen ähnlich, denn in Umfragen geben nicht alle ihre Ressentiments so offen zu. Fragt man etwas versteckter nach schwulen- und lesbenfeindlichen Einstellungen, sind die Zahlen höher: Der Aussage »Homosexuelle sollten aufhören, so einen Wirbel um ihre Sexualität zu machen« stimmten fast 44 Prozent der Befragten zu.[12]

AUDRE LORDE (1934–1992)

»Schwarz, lesbisch, Feministin, Kriegerin, Dichterin, Mutter« – so beschreibt Audre Lorde sich selbst. Die Schriftstellerin und Aktivistin wächst im New Yorker Viertel Harlem auf, schon früh schreibt sie ihr erstes Gedicht. Mit ihren Essays und Gedichten wird sie in den 70er- und 80er-Jahren zu einer der wichtigsten feministischen Theoretikerinnen. Lordes gesamte Arbeit basiert auf ihrer »Theorie der Differenz«. Ihrer Ansicht nach werden Menschen nicht durch ihre Unterschiede getrennt, sondern durch die kollektive Unfähigkeit, diese Unterschiede zu erkennen, zu akzeptieren und zu feiern. In ihren letzten Lebensjahren, zwischen 1984 und 1992, hält sich Lorde regelmäßig in Berlin auf und unterstützt dort tatkräftig die Entstehung der afrodeutschen Bewegung.

Auch die in Deutschland geltenden Gesetze sind ein Zeichen dafür, wie die Gesellschaft als Ganze nicht-heterosexuelle Liebe bewertet. So stellte noch bis weit in die Nachkriegszeit der Paragraf 175 des Strafgesetzbuches gleichgeschlechtliche Beziehungen zwischen Männern unter Strafe; erst 1994 fiel der sogenannte »Schwulenparagraf« endgültig weg.[13] Und erst im Sommer 2017 beschloss der Bundestag die Ehe für alle.[14] Seit noch nicht einmal zwei Jahren also stehen gleichgeschlechtlichen Paaren alle rechtlichen Vorteile der Ehe offen, die heterosexuelle Paare ganz selbstverständlich für sich beanspruchen.

Zwar gab es schon seit 2001 die »Eingetragene Lebenspartnerschaft« für lesbische und schwule Paare, aber das war eher eine Art »Heiraten light«. Im Vergleich zu Ehepaaren wurden Verpartnerte finanziell benachteiligt: Sie hatten zunächst weder Anspruch auf steuerliche Vorteile wie das Ehegattensplitting noch auf Hinterbliebenenrente und waren außerdem im Erbrecht schlechter gestellt.[15]

Die Ehe und ihr Erbe

Die Idee zu heiraten finden viele Menschen heute sehr romantisch. Das Ja-Wort gilt als ultimativer Ausdruck der Liebe eines Paares. Dass die Hochzeit der »schönste Tag im Leben einer Frau« sei, behaupten nicht nur Wedding-Planner – deshalb darf das Fest auch viele Tausende Euro kosten. Doch das mit der Romantik ist eine recht moderne Erfindung.

Denn ursprünglich war die Ehe eine knallharte Wirtschaftsgemeinschaft und eine durch und durch patriarchale Institution. Ersteres zeigt sich heute noch in den wirtschaftlichen Rechten und Pflichten, die Verheiratete haben, Letzteres in Traditionen und Gepflogenheiten, die mit der Hochzeit einhergehen: So wird eine Braut bei kirchlichen Trauungen manchmal vom Vater zum Altar geführt und dort an den Bräutigam übergeben – von Mann zu Mann. Gelegentlich wird die Braut auch zum Spaß entführt. Und bis heute nehmen die meisten Ehefrauen in Deutschland nach der Hochzeit den Namen ihres Mannes an.[16] Das Recht, den eigenen Namen in den Ehe zu behalten, mussten Frauen vor dem Bundesverfassungsgericht erkämpfen.[17]

Die Idee, dass eine Hochzeit auf Liebe basieren sollte, kam erst im 19. Jahrhundert auf. Zuvor wurden Ehen von Verwandten arrangiert. Eine Eheschließung beruhte oft auf wirtschaftlichen Vereinbarungen. Eine Frau wurde mit der Hochzeit zum sexuellen Eigentum ihres Mannes – umgekehrt wurde das weniger streng ausgelegt –, und es war von grundlegender Bedeutung, ob die Braut noch Jungfrau war. Sie war keine Partnerin auf Augenhöhe, sondern eher eine Art Besitz ihres Mannes.[18]

In gewisser Weise galt das in Deutschland noch bis in die zweite Hälfte des 20. Jahrhunderts. Zwar stand im Grundgesetz von 1949 der Satz »Männer und Frauen sind gleichberechtigt«, aber insbesondere in der Ehe galt das erst mal nicht. In der Bundesrepublik hatte noch bis 1958 der Ehemann das alleinige Entscheidungsrecht über alle Eheangelegenheiten. Er verwaltete das Vermögen der Frau und konnte ihr noch bis ins Jahr 1977 verbieten, berufstätig zu sein.[19]

Die Institution Ehe hat auch unser Bild von Liebesbeziehungen ohne Trauschein geprägt. In unserer Gesellschaft dominiert die Vorstellung, dass eine Beziehung eine exklusive Angelegenheit ist, die zwischen genau zwei Menschen stattfindet. Eine Beziehung definiert sich durch die Verknüpfung von Liebe mit dem sexuellen Eigentumsrecht am Partner oder der Partnerin: Sexuelle Treue wird als Ausdruck der Liebe verstanden.[20] Andere, nicht-exklusive Beziehungskonzepte sind für viele unvorstellbar. Deshalb stoßen Menschen, die eine offene Beziehung führen oder polyamor leben, oft auf Ablehnung und Vorurteile.[21] *Polyamorie* bedeutet, mehrere romantische oder sexuelle Beziehungen mit dem Wissen und Einverständnis aller Beteiligten zu haben. Und genau dieses Einverständnis ist zentral – egal, was andere über alternative Beziehungsmodelle denken.

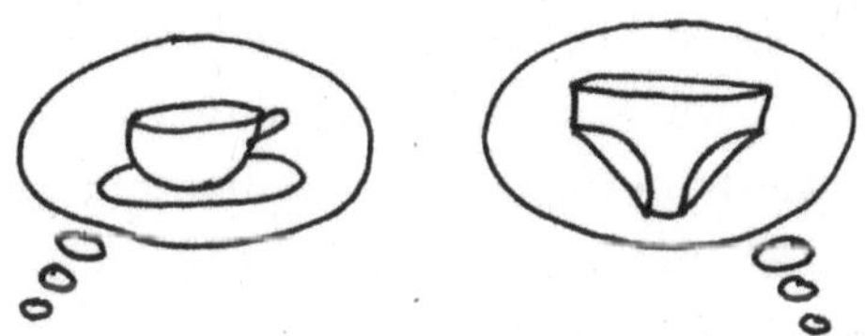

Konsens: Sex ist wie Tee trinken

Einverständnis – auch *Konsens* genannt – setzt voraus, dass Menschen miteinander kommunizieren. Doch gerade wenn es um Sex geht, herrscht oft das große Schweigen. Dabei wäre es mit einigen Fragen viel einfacher, ein echtes Einverständnis einzuholen: Willst du das? Darf ich dich küssen? Ist es okay, wenn ich dich hier anfasse? Magst du, wenn ich das mache?

Ist es peinlich, solche Fragen zu stellen? Oder gar unerotisch? Hollywood-Filme suggerieren, dass guter Sex wortlos abläuft – bis auf ein bisschen Stöhnen. In der Realität klappt es mit dem Gedankenlesen allerdings nicht immer, und zwar unabhängig davon, ob die Beteiligten sich seit Jahren oder erst seit heute Abend kennen. Wie sollen sie dann aber wissen, ob das, was sie tun, der anderen Person gefällt? Es ist viel besser, aktiv Konsens einzuholen, sagen beispielsweise die Feministinnen Jaclyn Friedman und Jessica Valenti. Sie haben die alte feministische Parole »Nein heißt Nein« gegen das konsensorientierte Prinzip »Ja heißt Ja« eingetauscht.[22] Bedeutet: Beim Sex sollten sich alle Leute immer erst um ein eindeutiges »Ja« bemühen, bevor sie irgendetwas mit dem Körper von jemand anderem anstellen. Ein Ja zum Knutschen, ein Ja zum Ausziehen, ein Ja zum Miteinanderschlafen.

In Schweden ist »Ja heißt Ja« inzwischen Gesetz. Das Einverständnis zu sexuellen Handlungen kann durch Worte oder Gesten erfolgen, aber es muss da sein, sonst macht man sich strafbar. »Sex soll freiwillig sein und ist er nicht freiwillig, ist er ungesetzlich«, erklärte der schwedische Ministerpräsident Stefan Löfven. Manche deutsche Medien fanden die Reform übertrieben: »Schweden treibt die sexuelle Korrektheit auf die Spitze« befand die konservative *Welt* und suggerierte, am besten sei vor jedem Sex eine schriftliche Einverständniserklärung einzuholen.[23]

Dabei ist das gar nicht nötig. Wie Konsens funktioniert, erklärt ein millionenfach angesehenes Video. In dem Clip wird die Zustimmung zu Sex mit der Frage verglichen, ob jemand eine Tasse Tee trinken möchte.[24] Menschen können den Tee ablehnen. Sie können den Tee probieren, aber ihn danach nicht austrinken wollen. Und bewusstlose Menschen wollen ganz sicher keinen Tee trinken. Ihnen dann trotzdem welchen einzuflößen ist nicht nur nicht in Ordnung, sondern Körperverletzung. Mit Sex verhält sich eigentlich alles ganz genauso.

Das Prinzip »Ja heißt Ja« kann nicht alle sexuellen Übergriffe verhindern, denn die beruhen nicht unbedingt auf Missverständnissen, sondern sind oft genug bewusste Grenzüberschreitungen und Machtdemonstrationen. Aber »Ja heißt Ja« hilft Menschen, nur das zu tun, was für alle Beteiligten okay ist. Und es verändert unsere Perspektive auf sexualisierte Gewalt.

Jaclyn Friedman erklärt das so: »Statt das Opfer zu fragen, hast du dich laut genug gewehrt, fragen wir dann: Hat der Täter eine Einwilligung eingeholt?«[25]

KAPITEL ACHT

#MeToo? Gewalt gegen Frauen

Immer müssen die Frauen die Arbeit leisten und ihre Geschichte erzählen – nie sind es die Männer, die zugeben, Frauen schreckliche Dinge angetan zu haben.

Nina Power, Philosophin und Kulturtheoretikerin[1],
über die #MeToo-Debatte

Männer, was macht ihr tagtäglich, um euch vor sexuellen Übergriffen zu schützen? Wann immer der feministische Autor und Filmemacher Jackson Katz bei seinen Vorträgen diese Frage stellt, reagieren die angesprochenen Männer mit peinlich berührtem Schweigen. Ist das etwa eine Fangfrage? Manchmal will einer witzig sein und antwortet, dass er versuche, nicht im Gefängnis zu landen. Aber jedes Mal meldet sich bald ein Mann und erklärt nüchtern, dass er nichts tue, um sich zu schützen – er mache sich keine Gedanken über das Thema.

Dann stellt Katz den anwesenden Frauen die gleiche Frage: Was tut ihr, um euch vor sexuellen Übergriffen zu schützen? Sofort melden sich viele Frauen und berichten: Sie gehen bei Dunkelheit nicht joggen, überlegen sich genau, was sie anziehen, und würden niemals in eine Erdgeschosswohnung ziehen. Sie gehen nur in Gruppen aus, achten darauf, nicht zu viel zu trinken, und lassen ihr Getränk nie aus den Augen. Sie tragen ein Pfefferspray bei sich, vermeiden auf der Straße Augenkontakt mit Männern und gehen nicht allein in einen Wald.[2]

Jackson Katz hat diese Fragen schon Hunderte Male gestellt. Anderen Männern macht er damit bewusst, was sie oft nicht ahnen: Die Angst vor sexualisierter Gewalt überschattet den Alltag von Frauen. Um sich zu schützen, schränken sie sich mehr oder weniger massiv ein.

Frauen haben allen Grund, sich vor Übergriffen zu fürchten. Das zeigt unter anderem eine Untersuchung zur »Lebenssituation, Sicherheit und Gesundheit von Frauen in Deutschland« aus dem Jahr 2004. Ihr zufolge hat fast jede siebte Frau in Deutschland seit ihrem sechzehnten Lebensjahr schon einmal sexualisierte Gewalt unter Anwendung von körperlichem Zwang oder Drohungen erlebt:[3] Betroffene wurden beispielsweise zum Geschlechtsverkehr, zu intimen Berührungen oder zum Nachspielen von Pornografie gezwungen.[4]

Sogar 58 Prozent aller befragten Frauen, also mehr als die Hälfte, wurden schon mindestens einmal sexuell belästigt.[5] Das heißt, sie wurden auf irgendeine Art und Weise sexuell bedrängt, etwa durch obszöne Anrufe oder Nachrichten. Oder indem jemand sie betatscht oder gegen ihren Willen versucht hat sie zu küssen. Oder auch, indem ihnen jemand bei der Arbeit zu verstehen gegeben hat, dass es nachteilig für ihr berufliches Fortkommen sein könnte, wenn sie sich sexuell nicht auf ihn einließen.[6] Oder, oder, oder.

Sexualisierte Gewalt

Vergewaltigung, sexuelle Nötigung, sexueller Missbrauch und sexuelle Belästigung: All das sind Formen *sexualisierter Gewalt*. Es wird meistens von »sexueller Gewalt« gesprochen, aber der Begriff »sexualisierte Gewalt« macht klar: Es geht weniger um Sex als um Macht. Sexualisierte Gewalt ist der Missbrauch von arbeitshierarchischer, körperlicher oder einer anderen Form von Macht über die betroffene Person, der auf sexueller Ebene stattfindet.

Für die Opfer eines Übergriffs hat diese Gewalt überhaupt nichts mit erfüllender Sexualität zu tun.

Wenn Frauen sexualisierte Gewalt erfahren, dann sind fast immer Männer die Täter. In der zitierten Studie sprachen 99 Prozent der betroffenen Frauen, die Angaben zum Geschlecht der übergriffigen Personen machten, von einem oder mehreren männlichen Tätern. In weniger als einem Prozent der Fälle nannten die Befragten eine oder mehrere beteiligte Täterinnen.[7]

Der Fall Weinstein und seine Folgen

Das Ausmaß sexualisierter Gewalt wird seit dem Herbst 2017 weltweit diskutiert – und zwar unter dem Schlagwort *#MeToo* (»Ich auch«). Am Anfang der Debatte steht ein Skandal um einen der mächtigsten Männer Hollywoods. Am 5. Oktober 2017 erscheint ein Artikel in der *New York Times*, in dem der Filmproduzent Harvey Weinstein der sexuellen Belästigung beschuldigt wird, unter anderem von den Schauspielerinnen Ashley Judd und Rose McGowan. Wenige Tage danach berichten im Magazin *New Yorker* weitere Frauen über sexuelle Belästigung durch Weinstein, drei Frauen beschuldigen ihn der Vergewaltigung. Auch die Schauspielerinnen Angelina Jolie und Gwyneth Paltrow erklären, von Weinstein bedrängt worden zu sein.[8] Auffällig ist, dass der mächtige Produzent Weinstein oft gegenüber jungen Schauspielerinnen übergriffig geworden sein soll, die am Anfang ihrer Karriere standen.

Am 15. Oktober, zehn Tage nach Erscheinen des ersten Artikels, ruft die Schauspielerin Alyssa Milano auf Twitter andere Frauen dazu auf, unter dem Hashtag *#MeToo* über ihre Erfahrungen mit sexuellen Übergriffen, Missbrauch und Diskriminierung zu berichten. Sie twittert: »Wenn alle Frauen, die sexuelle Belästigung oder einen sexuellen Übergriff erlebt haben, ›Ich auch‹ schreiben würden, könnten wir den Menschen ein Gefühl für das Ausmaß des Problems geben.«[9] Den Slogan »MeToo« hatte die Aktivistin Tarana Burke bereits Jahre zuvor benutzt, um auf sexualisierte Gewalt aufmerksam zu machen.[10] Doch diesmal wird er weltberühmt. Innerhalb von 24 Stunden wird der Hashtag

200000 Mal verwendet. Einen Tag später sind schon mehr als eine halbe Million Beiträge zu *#MeToo* erschienen.[11]

Unzählige Menschen werden schließlich den Hashtag benutzen. Sehr viele Frauen und auch manche Männer schildern in wenigen Worte ihre Erlebnisse:

»Nach einer Party schlafe ich bei einem Kumpel im Bett, er versucht die ganze Nacht, meine Brüste zu betatschen.«[12]

»Früher habe ich viel in der Gastronomie/Service gejobbt. Zu später Stunde wurde man zum Freiwild.«[13]

»Ich war erst acht Jahre alt. Ich bin mir nicht sicher, ob ich eine Frau kenne, die nicht angegriffen oder vergewaltigt, begrapscht, belästigt, drangsaliert oder bedroht wurde.«[14]

»Mit 13 auf der Straße, mit 17 im Club. In Jeans und im Minirock, von Jungs und von Männern, von Fremden und von Freunden.«[15]

Die *#MeToo*-Debatte entwickelt sich in verschiedene Richtungen weiter. Zum einen werden gegen weitere berühmte und mächtige Menschen Belästigungs-, Vergewaltigungs- und Missbrauchsvorwürfe erhoben. Dem Filmproduzenten Harvey Weinstein haben bis heute mehr als hundert Frauen sexuelle Übergriffe vorgeworfen. Weinstein selbst hat zwar Fehlverhalten eingeräumt. Vorwürfe, es habe nicht-einvernehmlichen Sex gegeben, weist er aber weiterhin als falsch zurück.

Unter dem Label *#MeToo* entspinnt sich nicht nur eine Diskussion über sexualisierte Gewalt, sondern auch über Sexismus und den Stand der Gleichberechtigung. In Deutschland hat es unter dem Hashtag *#Aufschrei* im Jahr 2013 schon einmal eine ganz ähnliche Debatte gegeben. Die

Erfahrungen, die damals auf Twitter geteilt wurden, riefen Empörung hervor. Viele sprachen den Betroffenen ihr Mitgefühl aus und solidarisierten sich mit ihnen. Aber die *#Aufschrei*-Berichte riefen auch massive Abwehrreaktionen hervor – ganz so, als könne nicht wahr sein, was nicht wahr sein soll. Genau diese Reaktionen erntet heute auch die *#MeToo*-Bewegung – und sie zeigen deutlich, was in der Diskussion über sexualisierte Gewalt falsch läuft.

Gegenwind für *#MeToo*

Einige Leute sind zum Beispiel der Meinung, in der Debatte gehe zu vieles durcheinander. Sie sagen, es gebe Vergewaltigungsopfer, aber eben auch Frauen, denen nur mal jemand eine Sekunde zu lang in den Ausschnitt geguckt hätte. Die einen würden sich zu Recht aufregen, die anderen völlig übertreiben. Diese Argumentation ist nicht nur seltsam, weil sie zwischen angeblich würdigen und angeblich unwürdigen Betroffenen unterscheidet. Sie übersieht auch, dass die *#MeToo*-Bewegung gar nicht behauptet, alle Vorfälle seien gleich schlimm. Stattdessen zeigt sie, dass sehr viele Frauen unterschiedliche Erfahrungen mit Sexismus und sexualisierter Gewalt machen und hier ein strukturelles Problem existiert.

Darüber hinaus gibt es Stimmen, die sich um die Kontaktanbahnung zwischen den Geschlechtern sorgen. Wie solle »Mann« denn bloß noch flirten, in Zeiten von *#MeToo*? Diese Sorge verrät vor allem, wie sich diese Menschen einen Flirt vorstellen: als etwas latent Übergriffiges, mit dem

Mann als Jäger, der hartnäckig an einer sich zierenden Frau rumbaggern muss, bis er sie irgendwann doch rumkriegt. Das ist kein schönes Bild vom Flirten, sondern Ausdruck von etwas, das im Feminismus *Rape Culture* genannt wird. Gemeint ist damit eine Gesellschaft, in der sexualisierte Gewalt als ganz normal betrachtet wird und in der Frauen sich nicht so anstellen sollen, wenn Männer ihnen an den Po fassen – denn das sei ja eigentlich ein Kompliment.

RAPE CULTURE

»Wenn eine Frau Nein sagt, meint sie oft trotzdem Ja.« Schon mal gehört? Das ist gefährlicher Unsinn und gleichzeitig ein Musterbeispiel für *Rape Culture*, also eine »Vergewaltigungskultur«. Der Begriff steht für ein gesellschaftliches Klima, das Vergewaltigungen und andere Formen sexualisierter Gewalt ermöglicht, toleriert und verharmlost. Die Folge ist, dass Übergriffe heruntergespielt werden und Opfern nicht geglaubt oder eine Mitschuld gegeben wird.

In der *#MeToo*-Debatte ist auch immer wieder der Einwand zu hören, Frauen sollten sich wehren, statt auf Social Media rumzujammern und in der Opferrolle zu verharren. Dass das mit dem Wehren nicht immer so einfach ist, zeigt ein Fall aus Österreich: Die ehemalige Grünen-Politikerin Sigi Maurer hatte zwei obszöne sexistische Nachrichten vom Facebook-Profil eines Ladenbesitzers geschickt bekommen, an dessen Craftbeer-Shop sie kurz zuvor vorbeigelaufen und dort von Männern belästigt und angepöbelt worden war. »Hallo du bist heute bei mir beim Geschäft vorbei gegangen und hast auf meinen Schwanz geguckt als wolltest du ihn essen«, stand da unter anderem – und Schlimmeres. Als Reaktion darauf veröffentlichte sie einen Screenshot der Nachrichten, auf dem auch der Name des Absenders zu sehen war.

Maurer sagt, sie habe den Screenshot veröffentlicht, um sich zu wehren, denn nach österreichischem Recht seien solche Aussagen nicht strafbar, solange es keine Zeugen gebe. Sie habe sich daher nicht anders zu helfen gewusst, als die Zuschriften öffentlich zu machen. Der Ladenbesitzer reagierte auf die Veröffentlichung mit einer Klage gegen Maurer: Er habe die Botschaften nicht verfasst und wisse auch nicht, wer dahinterstecke. Sein Computer stehe in seinem Laden und sei öffentlich zugänglich gewesen.

Maurer wurde daraufhin wegen »übler Nachrede« verurteilt. In der Urteilsbegründung erklärte der Richter, er glaube zwar, dass der Ladenbesitzer »in weiten Teilen die Unwahrheit« sage. Aber es sei im Laufe des Prozesses nicht gelungen, ihm nachzuweisen, dass die Nachrichten von ihm stammten. Maurer habe zwar aus »achtenswerten Beweggründen« gehandelt. Sie habe jedoch keinen »Wahrheitsbeweis« dafür vorlegen können, dass der Ladenbesitzer tatsächlich der Absender war.[16]

Der Fall Sigi Maurer hat viele Menschen empört, da er zeigt, wie schwierig es sein kann, sich zu wehren. Doch längst nicht allen Frauen wird – wie Sigi Maurer – Glauben geschenkt, wenn sie über sexualisierte Gewalt berichten. Stattdessen wird an der *#MeToo*-Debatte mitunter umgekehrt kritisiert, dass sie alle Männer unter »Generalverdacht« stelle.

Diese Kritik drückt ein grundlegendes Misstrauen gegenüber Frauen aus. Sie suggeriert, dass Frauen auch Männern, die sich völlig korrekt verhalten haben, Übergriffe vorwerfen, um ihnen zu schaden. Ja, auch das passiert und ist für den betroffenen Mann eine schlimme Erfahrung. Allerdings kommen Falschbeschuldigungen in der Realität vergleichsweise selten vor. Trotzdem macht fast jede Frau, die einen berühmten Mann öffentlich der Vergewaltigung beschuldigt, die Erfahrung, dass ihr nicht geglaubt und ein unlauteres Motiv unterstellt wird: Rache oder Gier nach Aufmerksamkeit zum Beispiel.[17]

Geschätzt wird, dass zwischen zwei und acht Prozent der angezeigten Vergewaltigungen auf Falschbeschuldigungen basieren.[18] Wichtig ist hier, dass es sich um den Anteil an den *angezeigten* Übergriffen handelt. Die allermeisten Vergewaltigungen werden aber niemals zur Anzeige gebracht.[19] Gründe dafür gibt es viele, etwa, dass ein Prozess psychisch sehr belastend sein kann, oder auch, dass der Täter eine nahestehende Person ist, die das Opfer nicht vor Gericht bringen will. Außerdem haben Betroffene nicht nur wegen vermeintlich häufiger Falschbeschuldigungen Grund zur Sorge, dass ihnen nicht geglaubt wird: Vergewaltigungen sind Verbrechen, bei denen es in der Regel keine Zeugen und oft auch keine ausreichenden Beweise gibt. Und dann steht Aussage gegen Aussage.

Es passiert daher sehr viel häufiger, dass ein Täter nicht verurteilt oder nicht einmal angezeigt wird, als dass ein Mann fälschlicherweise einer Vergewaltigung bezichtigt wird.

Was hattest du an?

Wenn es um sexualisierte Gewalt geht, ist Schuld ein zentraler Begriff. Denn es kommt immer wieder vor, dass Betroffene mitverantwortlich gemacht werden für einen Übergriff: *Victim Blaming* nennt sich das. Dann heißt es zum Beispiel: Warum bist du denn mit dem nach Hause gegangen? Oder: *Warum warst du so spät allein unterwegs, statt dir ein Taxi zu nehmen?* Ein Klassiker ist auch das Argument: *Wer sich so anzieht, braucht sich nicht zu wundern, wenn etwas passiert!*

Eine solche Argumentation impliziert, dass Betroffene sich besser hätten schützen müssen, dass sie durch ihr Verhalten einen Übergriff provoziert hätten. Die Verantwortung wird so zum Opfer verlagert, und die tatsächliche Verantwortung des Täters gerät aus dem Blick. Die *Täter-Opfer-Umkehr* ist eng verwoben mit falschen Vorstellungen über sexualisierte Gewalt. Unter einer Vergewaltigung stellen sich viele Leute vor, dass ein Fremder nachts im Park lauert und auf ein junges Mädchen im kurzen Sommerkleid wartet. Es gibt diese Fälle, aber typisch sind sie nicht. Erstens gibt es keine Hinweise darauf, dass die Kleidung für die Wahrscheinlichkeit, vergewaltigt zu werden, überhaupt eine Rolle spielt. Und zweitens stammt der Täter bei sexualisierter Gewalt meistens aus dem sozialen Umfeld des Opfers: Er ist ein Freund oder ein flüchtiger Bekannter, ein Kollege oder ein Familienmitglied – und am häufigsten ist er der Partner oder Ex-Partner des Opfers.[20]

Gewalt durch den Partner

Der gefährlichste Mann im Leben einer Frau ist also nicht der Fremde im Park, sondern ihr Partner. Natürlich gilt das nicht für jeden Freund oder Ehemann. Aber statistisch betrachtet ist es besonders häufig er, der eine Frau zu sexuellen Handlungen zwingt, der sie schlägt, schubst, tritt und Gegenstände nach ihr wirft: Genau wie sexualisierte Gewalt geht auch körperliche Gewalt gegen Frauen in Deutschland am häufigsten vom Partner oder Ex-Partner aus.[21]

Die Weltgesundheitsorganisation schätzt, dass die meisten Gewalttaten gegen Frauen in Partnerschaften verübt werden. Weltweit gibt fast jede dritte Frau, die schon einmal in einer Beziehung gelebt hat, an, dass sie bereits durch einen Partner körperliche und/oder sexualisierte Gewalt erfahren hat.[22]

Das endet mitunter tödlich für Frauen. Regelmäßig gibt es in den Medien Berichte über eine »Beziehungstat« oder ein »Familiendrama«. Dahinter verbirgt sich meistens, dass ein Mann seine Partnerin umgebracht hat. Statistisch gesehen versucht dies jeden Tag ein Mann in Deutschland, und an jedem dritten Tag gelingt es. Im Jahr 2016 wurden hierzulande 149 Frauen von ihrem Partner oder Ex-Partner getötet.[23]

All das zeigt: Wenn Frauen sicher vor Gewalt sein sollen, dann darf es nicht in erster Linie darum gehen, was sie tun (oder eher meiden) können, um sich zu schützen. Es muss um das Handeln der Täter gehen: Männer müssen aufhören, Frauen zu belästigen. Sie müssen aufhören, sie zu vergewaltigen. Und sie müssen aufhören, sie zu töten.

KAPITEL NEUN

Arbeit: Von Löhnen und Quoten

Frauen arbeiten oft mehr und bekommen dafür weniger.[1]

Katarina Barley (geboren 1968), SPD-Politikerin und Bundesjustizministerin

Schule – und dann? Nach dem Abschluss schlagen Jungen und Mädchen oft unterschiedliche Wege ein. Zwar sind manche Optionen bei allen beliebt, zum Beispiel kaufmännische Ausbildungen[2] oder ein BWL-Studium.[3] Doch ansonsten zeigen sich geschlechtsspezifische Muster. 2017 zählten zu den meistgewählten Ausbildungsberufen bei Frauen: Bürokauffrau, Arzt- und Zahnarzthelferin und Friseurin.[4] Männer entschieden sich dagegen besonders oft für eine Ausbildung zum Kraftfahrzeugmechatroniker, Elektroniker oder zum Fachinformatiker.[5]

Diese Unterschiede zwischen den Geschlechtern halten sich seit Jahrzehnten hartnäckig. Sie führen dazu, dass auf dem deutschen Arbeitsmarkt die meisten Berufe überwiegend von jeweils einem Geschlecht ausgeübt werden: Pflege, Erziehung, Reinigung und einfache Bürotätigkeiten sind Frauendomänen. Technische und verarbeitende Berufe sind Männerdomänen.[6]

Auch an den Universitäten gibt es deutliche Unterschiede: Zu den häufigsten Studienfächern von Frauen zählen Germanistik, Pädagogik und Psychologie, Männer schreiben sich besonders oft in Studiengänge wie Maschinenbau, Informatik und Elektrotechnik ein.[7] Während Frauen in den Sprach- und Kulturwissenschaften, den Sozialwissenschaften sowie im Bereich Gesundheit und soziale Dienste dominieren, stellen Männer in den sogenannten MINT-Fächern die Mehrheit – also im Bereich Mathematik, Informatik, Naturwissenschaften und Technik.[8]

Programmieren? Frauensache!

Männer arbeiten mit Maschinen, Frauen kümmern sich um andere Menschen: Bei der Studien- und Berufswahl erscheinen die Geschlechterrollen geradezu zementiert. Doch wenn sich der Status eines Berufs ändert, geraten die Dinge schon mal in Bewegung. Ausgerechnet das Programmieren – heute eine Männerdomäne – war in den Sechzigerjahren noch eine typisch weibliche Tätigkeit. Es galt als Aufgabe für Bürokräfte mit niedrigem Status, und das waren vor allem Frauen.[9]

Überhaupt schien der Job ideal für das weibliche Geschlecht zu sein: »Programmieren ist wie Abendessen vorbereiten«, erklärte die Informatikerin Grace Hopper 1967 in der amerikanischen Ausgabe der Frauenzeitschrift *Cosmopolitan*. »Man muss vorausplanen und alles so terminieren, dass es fertig ist, wenn man es braucht. Das geht nur mit Geduld und dem Blick für Details. Frauen sind Naturtalente im Programmieren.«[10] Aus heutiger Sicht wirkt Hoppers Aussage vor allem unfreiwillig sexistisch. Doch gleichzeitig führt sie vor Augen, wie willkürlich sich Jobs in angebliche Männer- und Frauenberufe sortieren lassen.

Als Computer allerdings immer wichtiger wurden, strömten immer mehr Männer in die IT-Branche. Das Programmieren wurde zu einer Tätigkeit mit hohem Status – und entsprechend guter Bezahlung.[11] Die programmierenden Frauen der Anfangsjahre gerieten in Vergessenheit[12] und 2017 schrieb ein (inzwischen gefeuerter) Google-Entwickler ein mehrseitiges Manifest, in dem er sich über Frauenförderung bei seinem Arbeitgeber beschwerte: Frauen hätten »aus biologischen Gründen« weniger Talent für Tech-Jobs.[13]

Die Geschichte des Programmierens zeigt aber nicht nur, wie aus einem angeblich weiblichen ein angeblich männlicher Job werden kann – sondern auch, dass Arbeit, die Frauen leisten, in unserer Gesellschaft schlechter bezahlt wird als die Arbeit von Männern. Denn als die Branche männlicher wurde, stiegen Status und Bezahlung. Der Zusammenhang zwischen Geschlecht und Bezahlung zeigt sich auch anderswo, zum Beispiel bei Designerinnen und Designern. Ihr Beruf hat eine gegensätzliche Entwicklung zum Programmieren durchlaufen, er wurde immer weiblicher. Parallel dazu sanken die durchschnittlichen Gehälter um 34 Prozent. Es ist eine typische Entwicklung: Auch die Bezahlung von Biologinnen und Biologen verschlechterte sich um 18 Prozent, als immer mehr Frauen in das Berufsfeld strömten.[14]

Gleicher Lohn für gleiche Arbeit?

Sollte eine Arbeitsstunde einer Frau aber nicht genauso viel wert sein wie eine Stunde Arbeit eines Mannes? Wer das bejaht, könnte angesichts der Verdienstunterschiede zwischen den Geschlechtern zu dem Schluss kommen: Eigentlich arbeiten Frauen in Deutschland im Jahr 2019 bis zum 18. März quasi umsonst! Denn wenn man die Lohnunterschiede zwischen Frauen und Männern aufs Jahr umrechnet, ist das so, als würden sie erst danach bezahlt, während Männer ab dem 1. Januar entlohnt werden. Der »Equal Pay Day« erinnert mit einem symbolischen Stichtag daran, wie groß das Lohngefälle zwischen den Geschlechtern ist: Der Bruttostundenlohn von Frauen lag hierzulande durchschnittlich zuletzt bei 16,59 Euro, der von Männern aber bei 21 Euro. Eine Differenz von 21 Prozent – die aufs Jahr gerechnet 77 Tagen Gratisarbeit von Frauen entspricht. Fast nirgendwo sonst in der EU ist der *Gender Pay Gap* so ausgeprägt wie in Deutschland: Nur in Estland und Tschechien klafft eine noch größere Lücke zwischen Frauen und Männern.[15]

CLARA ZETKIN (1857–1933)

Dass wir heute jedes Jahr am 8. März den Internationalen Frauentag feiern, geht auch auf die Initiative von Clara Zetkin zurück. Die Sozialistin und radikale Feministin ist eine Vertreterin der proletarischen Frauenbewegung und sie ist überzeugt: Gleichberechtigung kann es nur geben, wenn sich Arbeiterinnen und Arbeiter aus der Ausbeutung durch den Kapitalismus befreien. Erst ist Zetkin in der SPD aktiv, ab 1919 dann in der KPD, der kommunistischen Partei. Als Alterspräsidentin des Reichstags warnt Clara Zetkin 1932 vor den Nazis und fordert »die Einheitsfront aller Werktätigen, um den Faschismus zurückzuwerfen«. Sie stirbt wenig später im russischen Exil. Während Zetkin nach dem Zweiten Weltkrieg im Westen Deutschlands fast in Vergessenheit gerät, wird sie in der DDR verehrt und ihr Gesicht auf den 10-Mark-Schein gedruckt.

Woran liegt es, dass Frauen so viel weniger Geld verdienen? Es gibt Fälle, in denen werden Frauen ganz klar diskriminiert: So wurden Frauen bei Tochterunternehmen des Schuhherstellers Birkenstock systematisch schlechter bezahlt als Männer. Bis zum Jahr 2013 bekamen Mitarbeiterinnen einen um gut einen Euro niedrigeren Stundenlohn.[16] Doch es sind hauptsächlich andere Faktoren, die den *Gender Pay Gap* verursachen.

Zunächst einmal werden bei der Berechnung des durchschnittlichen Stundenlohns alle Berufe und Hierarchieebenen über einen Kamm geschoren. Frauen aber sind häufiger als Männer in schlecht bezahlten Branchen tätig. Sie arbeiten seltener in Führungspositionen, dafür öfter in Teilzeit und Mini-Jobs. All das drückt ihren durchschnittlichen Stundenlohn – ohne dass eine Chefetage beschlossen hat, Frauen grundsätzlich weniger Geld zu geben. Statistisch lassen sich diese Faktoren rausrechnen. Übrig bleibt der sogenannte *bereinigte Gender Pay Gap*: Auch zwischen Männern und Frauen, die in der gleichen Branche und gleichen Position gleich viel arbeiten, besteht im Schnitt noch immer eine Lohnlücke von sechs Prozent.

Für diesen verbleibenden Unterschied wird häufig den Frauen selbst die Schuld gegeben. Sie müssten eben selbstbewusster über ihr Gehalt verhandeln, heißt es dann – so wie das Männer auch täten. Ganz so einfach ist es aber nicht: Eine australische Studie zeigt, dass Frauen, die mehr Geld fordern, öfter abblitzen als Männer.[17] Zudem deuten Experimente darauf hin, dass Manager nicht so gern mit Frauen zusammenarbeiten wollen, die im Bewerbungsgespräch nach einer höheren Bezahlung fragen. Die Zweifel gegenüber den Frauen beruhten darauf, dass sie als weniger nett und zu fordernd wahrgenommen wurden.[18]

Auch wenn sich die geringere Bezahlung von Frauen zu einem großen Teil nicht auf direkte Diskriminierung zurückführen lässt, sollte nicht vergessen werden: Der unbereinigte *Gender Pay Gap* von 21 Prozent ist der reale Unterschied. Und der führt nicht nur dazu, dass Frauen jeden

Monat weniger Geld zur Verfügung haben, sondern auch dazu, dass sie öfter von Altersarmut bedroht sind. Denn wer wenig verdient, bekommt später auch wenig Rente – und durch Teilzeitarbeit schrumpft sie weiter: 2015 erhielten deutsche Frauen um 53 Prozent niedrigere Renten als Männer.[19]

Außerdem werfen die Erklärungen für den *Gender Pay Gap* neue Fragen auf: Ist es eigentlich gerecht, dass Arbeit mit Menschen schlechter bezahlt wird als Arbeit mit Maschinen – und eine Altenpflegerin im Schnitt nur 15,64 Euro brutto pro Stunde verdient, ein Produktionsleiter in einer Fabrik dagegen 23,33 Euro?[20] Warum arbeiten Frauen überhaupt häufiger in Teilzeit? Und woran liegt es, dass sie so selten Chefin werden?

Frauen werden unterschätzt – auch von anderen Frauen

Frauen stellen zwar knapp die Hälfte aller Erwerbstätigen in Deutschland, doch nicht einmal jede dritte Führungsposition ist weiblich besetzt. 2017 waren nur 29 Prozent aller Führungskräfte Frauen.[21] Es gibt den Spruch, dass Frauen nach Leistung befördert werden, Männer dagegen nach Potenzial: Frauen müssten also schon vorab bewiesen haben, dass sie einer Aufgabe gewachsen sind, während Männer einen Vertrauensvorschuss genießen würden. Und tatsächlich wird Frauen im Berufsleben weniger zugetraut als Männern – und zwar von beiden Geschlechtern. Das zeigt die Forschung zum *Unconscious Bias*, also zur unbewussten Voreingenommenheit gegenüber bestimmten gesellschaftlichen Gruppen.

GLÄSERNE DECKE, GLÄSERNER FAHRSTUHL

Meistens endet die Karriere einer Frau in einem Unternehmen spätestens im mittleren Management. Je höher die Hierarchieebene, desto mehr nähert sich der Männeranteil der 100-Prozent-Marke. Frauen schaffen es einfach nicht ganz an die Spitze, doch die Gründe dafür sind nicht ersichtlich. Für diese unsichtbare Barriere steht der Begriff der *gläsernen Decke*. Umgekehrt machen Männer in frauendominierten Branchen wie der Pflege fast automatisch Karriere. In einem sogenannten *gläsernen Fahrstuhl* geht es für sie aufwärts.[23]

Männer wie Frauen haben Geschlechterstereotype derart verinnerlicht, dass sie ihre Einschätzungen unbewusst beeinflussen. In einem amerikanischen Experiment mussten 127 Wissenschaftlerinnen und Wissenschaftler anonyme Bewerbungen um eine Laborleitung beurteilen: Sie sollten die Kompetenz einer Person einschätzen, sagen, wen sie einstellen würden und wie viel Gehalt sie dieser Person zahlen würden. Mal waren die Unterlagen als Bewerbung eines Studenten gekennzeichnet, mal als Bewerbung einer Studentin. Die männlichen Bewerber wurden in allen Bereichen positiver gesehen.[22] Um unbewussten Vorurteilen entgegenzuwirken, ist es in Orchestern in den USA seit etwa 30 Jahren üblich, dass Bewerberinnen und Bewerber hinter einem Vorhang oder Schirm vorspielen. Seitdem stiegen die Chancen von Frauen in den Vorrunden um 50 Prozent, in den Ausscheidungsrunden sogar um 300 Prozent. Der Frauenanteil in den Orchestern kletterte so von fünf auf etwa 40 Prozent.[24]

Die Sache mit der Quote

Doch längst nicht immer kann Anonymisierung gegen die unbewusste Diskriminierung von Frauen helfen. Etwa wenn es darum geht, eine frei werdende Führungsposition innerhalb einer Firma neu zu besetzen: Sollten sich Frau Schmidt und Herr Meier beide auf dieselbe Stelle bewerben, dann ist ihren Vorgesetzten ihr jeweiliges Geschlecht ja bereits bekannt. Ein Instrument, das in solchen Fällen helfen könnte, wäre eine *Geschlechterquote*, besser bekannt als *Frauenquote*. Sie könnte zum Beispiel vorschreiben, dass mindestens 40 Prozent aller Führungspositionen in einem Unternehmen mit Frauen und mindestens 40 Prozent mit Männern besetzt werden sollten. Eine solche Quote hieße also nicht, dass Frau Schmidt automatisch der Vorzug vor Herrn Meier gegeben würde. Aber die Quote hätte zur Folge, dass Schmidt und ihre Kolleginnen nicht bei jeder ausgeschriebenen Leitungsfunktion das Nachsehen hätten.

Seit 2016 gilt in Deutschland eine gesetzliche Quote. Allerdings handelt es sich eher um ein Quötchen, denn sie bezieht sich nur auf die Aufsichtsräte börsennotierter und voll mitbestimmungspflichtiger Unternehmen. Das heißt: Die Aufsichtsräte von etwas über hundert Firmen in Deutschland müssen zu 30 Prozent mit Frauen besetzt werden. Alle anderen Führungspositionen in großen und kleinen Unternehmen unterliegen keiner Quote. Keine einzige Frau wird durch diese Quote also zur Abteilungsleiterin oder gar Top-Managerin. Ansonsten sind mehrere Tausend mittelgroße Firmen in Deutschland lediglich verpflichtet, sich selbst eine Zielquote zu setzen und zu veröffentlichen. Sie können sich zum Beispiel vornehmen, zehn Prozent Frauen in Führungspositionen zu bringen. Wenn die Unternehmen ihre Ziele nicht erreichen, ist das aber auch kein Problem: Ihnen drohen keinerlei Sanktionen.[25]

Das bisschen Haushalt

Ein wichtiger Grund für den *Gender Pay Gap* und die Altersarmut von Frauen ist, dass in Deutschland besonders viele Frauen in Teilzeit berufstätig sind. 46 Prozent der Frauen mit einer Festanstellung arbeiteten 2017 mit reduzierter Stundenzahl. Bei den Männern hatten nur elf Prozent einen Teilzeit-Job.[26] Doch das heißt nicht, dass Frauen insgesamt weniger arbeiten als Männer – ihnen wird vor allem weniger Arbeit bezahlt. Denn nach Feierabend machen Frauen eine unbezahlte zweite Schicht: Sie putzen, kochen, räumen auf, kümmern sich um Kinder oder sorgen für pflegebedürftige Familienangehörige. »Das bisschen Haushalt« macht sich nämlich nicht von allein.

Natürlich legt nicht jeder Mann zu Hause die Füße hoch. Doch insgesamt leisten Frauen sehr viel mehr dieser häuslichen Sorgearbeit, der sogenannten *Care-Arbeit*: Pro Tag verwenden sie im Schnitt vier Stunden und 13 Minuten für unbezahlte Care-Arbeit und Ehrenamt. Die zweite Schicht von Männern dauert dagegen nur zwei Stunden und 46 Minuten. Das ergibt einen Unterschied von fast eineinhalb Stunden täglich und einen *Gender Care Gap* von 52,4 Prozent mehr unbezahlter Sorgearbeit. Bei Paaren mit Kindern ist der Unterschied sogar noch größer. Weil also überwiegend Frauen den Haushalt schmeißen und für andere Menschen sorgen, bleibt ihnen weniger Zeit für die Erwerbsarbeit:[27] ein schlechter Deal in einer Gesellschaft, die Fürsorge nicht honoriert, und dazu schlecht für die Rente.

Der *Gender Care Gap* bildet sich aber nicht erst bei erwachsenen Paaren aus. Er besteht schon bei Kindern und Jugendlichen: In Deutschland helfen Mädchen zwischen zehn und 17 Jahren durchschnittlich 73 Minuten täglich im Haushalt mit, gleichaltrige Jungen nur 48 Minuten.[28] Sie verhalten sich so, wie es ihnen Erwachsene vorleben.

Unbezahlte Arbeit von Personen ab 18 Jahre in Stunden je Woche

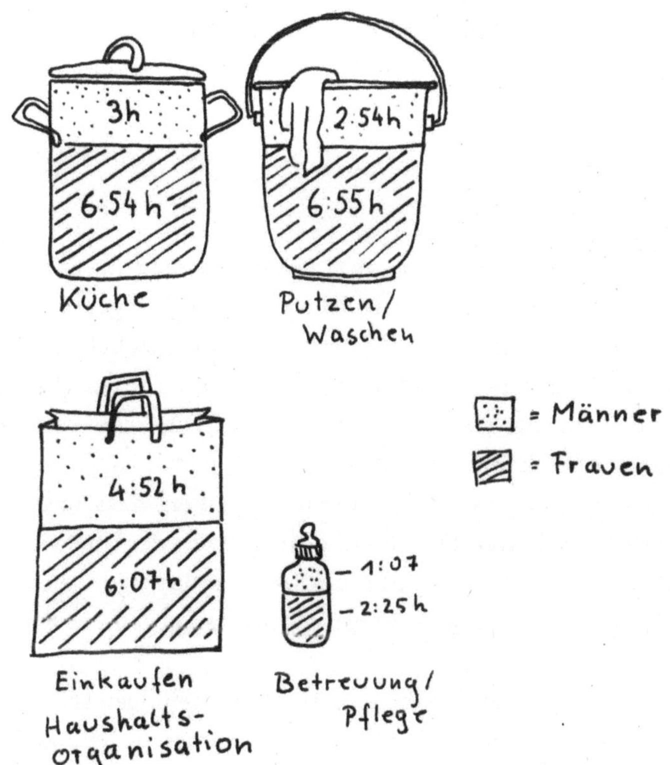

KAPITEL ZEHN

Das Private ist politisch: Mutter werden – oder nicht?

Wenn ein Mann Karriere macht, fragt kein Mensch: Und was machen Sie mit den Kindern?

Senta Berger (geboren 1941), Schauspielerin[1]

»Wir haben abgetrieben!« 1971 bekannten sich 374 Frauen im Magazin *Stern* dazu, ihre Schwangerschaft abgebrochen und damit gegen geltendes Recht verstoßen zu haben: ein Tabubruch. Dabei riskierten sie nicht nur die gesellschaftliche Ächtung, sondern auch die strafrechtliche Verfolgung. Aber keine einzige der Frauen wurde verurteilt.[2] Stattdessen ist es ihrem Mut zu verdanken, dass 1974 in Westdeutschland das Gesetz geändert wurde: Ungewollt Schwangere bekamen unter bestimmten Bedingungen die Möglichkeit, sich ohne Angst vor Strafen gegen ein Kind zu entscheiden.

Mehrmals wurden die gesetzlichen Regelungen seitdem reformiert.[3] Frauen, die nicht Mutter werden wollen, müssen zum Glück nicht mehr ins Ausland reisen oder ihr Leben aufs Spiel setzen und zu einer »Engelmacherin« gehen, die den Schwangerschaftsabbruch heimlich vornimmt. Doch illegal sind Abtreibungen in Deutschland bis heute.

Ein Recht auf Schwangerschaftsabbruch gibt es nicht. Der Paragraf 218 des Strafgesetzbuchs beginnt weiterhin mit dem Satz: »Wer eine Schwangerschaft abbricht, wird mit Freiheitsstrafe bis zu drei Jahren oder mit Geldstrafe bestraft.«[4]

VICTORIA WOODHULL (1838–1927)

Die Biografie von Victoria Woodhull klingt wie ausgedacht: Als Kind armer Eltern arbeitet sie schon früh als Wahrsagerin, danach als Heilerin, später werden sie und ihre Schwester die ersten weiblichen Aktienhändlerinnen von New York. Die beiden Frauen veröffentlichen eine Wochenzeitung, in der sie über Gleichberechtigung, Abtreibung, Prostitution, Doppelmoral und freie Liebe schreiben. Victoria Woodhull wird die erste Frau, die sich um die US-Präsidentschaft bewirbt – allerdings dürfen Frauen 1872 noch nicht an Wahlen teilnehmen. Es ist eine symbolische Kandidatur und völlig klar, dass sie keine Chance hat. Vom politischen Gegner wird sie als »Mrs Satan« bezeichnet. Auch einige Frauenrechtlerinnen haben ein Problem mit ihr. Sie stören sich an Woodhulls Liebschaften und ihrem Feminismus-Verständnis. Denn Woodhull erwartet von Frauen, sich auch mit ihrer eigenen Passivität auseinanderzusetzen, statt nur die Entrechtung durch Männer zu beklagen.

Abtreibung: straffrei, nicht legal

Es gibt lediglich Ausnahmen, in denen ein Abbruch trotz Verbot straffrei bleibt:[5] Erstens, wenn die Gesundheit der Mutter durch die Schwangerschaft stark gefährdet oder das Kind behindert ist. Zweitens, wenn die Schwangerschaft Folge einer Vergewaltigung ist. Und drittens, wenn die Abtreibung innerhalb der ersten zwölf Wochen der Schwangerschaft stattfindet und die Frau zuvor an einer Beratung teilgenommen hat, deren Ziel es ist, sie zur Fortsetzung der Schwangerschaft zu ermutigen.[6]

»Mein Bauch gehört mir« – diese alte feministische Forderung ist also in Deutschland bis heute nur sehr eingeschränkt eingelöst. In vielen Ländern gelten noch wesentlich striktere Abtreibungsverbote. Diese Verbote führen allerdings nicht dazu, dass Frauen ungewollte Kinder trotzdem bekommen, sondern nur dazu, dass sie ihr Leben riskieren: Die Weltgesundheitsorganisation schätzt, dass jedes Jahr rund 47000 Frauen bei illegalen Abtreibungen sterben.[7]

In Deutschland sind die Bedingungen für ungewollt schwangere Frauen wieder schwieriger geworden. Militante Abtreibungsgegner ziehen mit weißen Kreuzen durch die Innenstädte, um gegen den »Babycaust« zu protestieren, wie sie Schwangerschaftsabbrüche nennen. Die selbst ernannten »Lebensschützer« postieren sich mit Plastikföten vor Arztpraxen und Beratungsstellen, um die Betroffenen und ihre Ärztinnen und Ärzte unter Druck zu setzen. Das hat zur Folge, dass immer weniger Arztpraxen und Kliniken Schwangerschaftsabbrüche durchführen. Laut Berechnung des Statistischen Bundesamts sind es deutschlandweit nur noch 1200. In manchen Regionen müssen Frauen für einen Abtreibung inzwischen 200 Kilometer zurücklegen.[8]

Zudem wird es ihnen schwer gemacht, herauszufinden, wo sie einen Schwangerschaftsabbruch vornehmen lassen können. Ärztinnen und Ärzte dürfen auf ihrer Website nicht darüber informieren, dass sie Abtreibungen durchführen, denn das gilt als unerlaubte Werbung. Weil die Ärztin Kristina Hänel es trotzdem tat, wurde sie 2017 zu einer Geldstrafe von 6000 Euro verurteilt.[9]

Bis vor wenigen Jahren wurde es Frauen in Deutschland auch unnötig schwer gemacht, eine Notfallverhütung zu bekommen. Erst seit 2015 gibt es die »Pille danach« rezeptfrei in der Apotheke. Eine wichtige Verbesserung der reproduktiven Rechte von Mädchen und Frauen, denn die Pille danach wirkt umso zuverlässiger, je früher sie nach ungeschütztem Sex eingenommen wird.

Der CDU-Politiker und heutige Bundesgesundheitsminister Jens Spahn sprach sich damals allerdings gegen die Rezeptfreiheit aus: Die Pille danach sei »kein Smartie« und solle als Medikament mit Nebenwirkungen nicht bedenkenlos eingenommen werden.[10] Eine interessante Argumentation, denn Mädchen und Frauen, die eine Schwangerschaft verhindern wollen, haben ja offensichtlich Bedenken, die so gravierend sind, dass sie bereit sind, die möglichen Nebenwirkungen in Kauf zu nehmen.

Vor allem aber zeigt so eine Aussage, dass Jens Spahn es Frauen nicht zutraut, über ihren Körper verantwortungsvoll zu entscheiden.

Kinder kriegen – aber bitte richtig

Doch nicht nur, wenn eine Frau sich gegen ein Kind entscheidet, mischen sich Menschen ein, die gar nicht selbst betroffen sind. Sie tun es auch, wenn eine Frau Mutter werden möchte. So stigmatisiert wie Abtreibungen sind, so hart sind umgekehrt die – ungeschriebenen – gesellschaftlichen Regeln, wann, von wem und unter welchen Umständen eine Frau schwanger werden darf. Gesellschaftlich vollumfänglich akzeptiert sind zwei, vielleicht auch drei Kinder, die eine Frau idealerweise zwischen 25 und 35 zur Welt bringt – aber erst, nachdem sie ihre Ausbildung abgeschlossen hat. Die Kinder haben alle denselben Vater, mit dem sich die Mutter in einer langjährigen, stabilen Beziehung befindet, oder mit dem sie am besten sogar verheiratet ist.

Alles, was von diesem Bild der perfekten heterosexuellen Kleinfamilie abweicht, ruft kritische Stimmen auf den Plan: Mutter und Vater kennen sich noch nicht lange, führen gar keine Beziehung miteinander – oder sie studiert noch? Wie verantwortungslos! Die Schwangere ist schon 40? Hat sie denn an die gesundheitlichen Risiken gedacht? Späte Mütter sind ja auch immer so unentspannt! Das Kind wurde von einem Samenspender gezeugt und wächst mit zwei Müttern auf? Da fehlt doch die Vaterfigur. Zur angemessenen Zahl der Kinder gibt es ebenfalls klare Meinungen. Eine Frau ist mit dem viertes Kind schwanger? Irgendwie asozial. Sie möchte nach einem Kind keine weiteren? Wie herzlos, den Nachwuchs als Einzelkind aufwachsen zu lassen.

Ähnlich übergriffig werden manche, wenn eine Frau offen sagt, dass sie keinen Kinderwunsch verspürt. Entweder wird sie nicht ernst genommen und bekommt zu hören, die biologische Uhr würde sich gewiss noch bei ihr melden. Oder ihr Plan, kinderlos zu bleiben, wird als egoistisch gescholten. So, als würden sich andere Menschen für Kinder entscheiden, damit auch in Zukunft jemand in die Rentenkasse einzahlt – und nicht, weil sie die Vorstellung schön finden, Eltern zu werden.

Der Muttermythos

Die Mutterrolle wird in Deutschland sehr überhöht.[11] Eine Mutter soll in der Liebe zu ihrem Kind aufgehen, zum Bastelnachmittag in der Kita kommen und bei jeder Gelegenheit einen Kuchen backen – ohne Backmischung. 24 Stunden am Tag für die Kinder da zu sein ist aber unvereinbar mit dem ebenfalls bestehenden Ideal der berufstätigen Mutter. »Nur« Hausfrau zu sein erfüllt weder die Erwartungen vieler Mütter noch die ihres Umfelds. Und als würde das alles nicht reichen, sollen Mütter neuerdings auch noch sexy und begehrenswehrt sein, eine MILF nämlich: Diese Buchstaben stehen für *Mother I'd like to fuck*. Nach der Geburt haben sie möglichst schnell ihren »After-Baby-Body« in Form zu bringen.

Mütter können es also gar nicht richtig machen. Kümmern sie sich für den Geschmack anderer zu viel um ihre Kinder, werden sie als »Glucken« oder »Helikoptermütter« geschmäht. Konzentrieren sie sich angeblich zu sehr auf ihre Karriere, gelten sie als »Rabenmütter«. Und sollten sie es gar wagen, ihre Freizeit im Café zu verbringen, wird über die »Latte-macchiato-Mütter« gelästert. Solche Feindseligkeiten gegenüber Müttern sind gesellschaftlich akzeptiert. Interessanterweise gibt es für Väter kaum vergleichbare Begriffe – was zeigt, wie tief verankert das Bild ist, dass die Frauen für die Kinder zuständig sind.

Vereinbarkeit von Familie und Beruf

Die meisten Frauen und Männer wünschen sich Kinder. 2012 wurden in einer Studie – initiiert von der Zeitschrift *Brigitte* – junge Menschen, die zwischen 1978 und 1992 geboren wurden, zu ihren Lebensplänen befragt. 85 Prozent der Frauen sagten, dass ihnen eine eigene Familie mit Kindern wichtig sei. Bei den Männern waren es mit 82 Prozent fast genauso viele.[12] Mehr als jede zweite Frau stimmte in der Umfrage aber auch der Aussage zu: »Wer Kinder hat, kann keine wirkliche Karriere machen.« Von den Männern sahen deutlich weniger diesen Konflikt.[13] Kein Wunder, denn Familie und Beruf zu vereinbaren ist für Frauen immer noch schwieriger. Das liegt vor allem daran, dass nach der Geburt eines Kindes viele Paare in die traditionellen Geschlechterrollen fallen: Er macht weiter Karriere, sie tritt beruflich kürzer und kümmert sich um den Nachwuchs.

Es beginnt, sobald das Kind auf der Welt ist: Nahezu alle Mütter gehen in *Elternzeit*, doch bei den Vätern nimmt fast nur jeder dritte eine berufliche Auszeit. Auf jeden dieser Männer kommen also zwei andere, die es komplett der Mutter überlassen, sich um das Baby zu kümmern. Außerdem pausieren die Väter auch deutlich kürzer. Zuletzt bezogen Väter im Schnitt 3,5 Monate Elterngeld. Bei den Müttern waren es 13,3 Monate.[14] Viele Väter nehmen nur die zwei Monate Elterngeld in Anspruch, die zusätzlich gewährt werden, wenn beide Partner eine Auszeit nehmen:[15] ein klassischer Mitnahmeeffekt, der dazu geführt hat, dass diese zwei Monate oft völlig unironisch »Vätermonate« genannt werden.

Nach Ende der Elternzeit bleiben viele Paare bei dieser Rollenverteilung – denn Kinder haben und zwei Vollzeitjobs vertragen sich nicht gut. Wenn im Büro noch ein letztes Meeting ansteht, hat die Kita oft schon geschlossen: Um Beruf und Familie miteinander zu vereinbaren, müssen oder wollen Eltern also oft ihre Arbeitszeit reduzieren. Allerdings tun sie das nicht in gleichem Maße. Die Teilzeitquote von Müttern ist doppelt so hoch wie die von Frauen ohne Kinder. Bei Vätern ist es umgekehrt, sie arbeiten sogar mehr: Im Vergleich mit kinderlosen Männern gehen sie seltener in Teilzeit.[16]

Geplant ist das oft nicht. Auch viele Männer und Frauen, die sich vor der Geburt ihrer Kinder fest vorgenommen haben, die Sorgearbeit gleichberechtigt aufzuteilen, fallen in diese Rollen: er Ernährer, sie Dazuverdienerin. Wieso rutschen so viele Eltern in diese stereotype Aufgabenteilung, obwohl sich nur eine Minderheit der Frauen und Männer dieses Modell wünscht?[17] Es ist nicht nur die Macht der Geschlechterrollen, die Frauen die Verantwortung für alles Häusliche zuschreibt. Wenn sie den Haushalt schmeißt und er das Geld verdient, geht das häufig mit handfesten finanziellen Vorteilen einher.

Da Männer häufig höhere Gehälter bekommen als ihre Partnerinnen, ist es lukrativer, wenn er Vollzeit und sie Teilzeit arbeitet. Schuld ist aber nicht nur der *Gender Pay Gap* (siehe Kapitel 9). Auch der Staat fördert aktiv, dass Paare die familiäre Sorgearbeit ungleich aufteilen. Denn verheiratete Paare können in Deutschland sehr viel Steuern sparen, wenn eine Person deutlich mehr als die andere verdient. Das sogenannte *Ehegattensplitting* führt dazu, dass es finanziell für ein Paar oft keinen erheblichen Unterschied macht, wenn die Frau nur Teilzeit arbeitet. Viele Frauen wägen sogar ab, ob sie sich für ein paar Hundert Euro mehr wirklich den Stress der Doppelbelastung von Familie und Beruf antun sollen – und steigen mitunter ganz aus.[18]

Allerdings zahlen diese Frauen einen hohen Preis: Denn wer zu Hause bleibt, wird finanziell vom Partner abhängig. Wenn sich das Paar trennt, ist es oft schwierig, nach jahrelanger Pause wieder im Beruf Fuß zu fassen. In Vorstellungsgesprächen fragen Arbeitgeber Frauen zudem regelmäßig, wie sie die Betreuung ihrer Kinder organisieren, während Männer diese Frage selten gestellt bekommen.[19]

Auch Frauen, die zwar weiterhin gearbeitet haben, aber nicht in Vollzeit, erleben, dass sie sich als Mütter nicht mehr beruflich weiterentwickeln können. Denn die interessanten Aufgaben und Beförderungen bekommen vor allem jene, die Vollzeit arbeiten und auch bei Überstunden nicht auf die Uhr schauen. Wer ein Kind versorgen muss, kann sich das oft nicht leisten. Außerdem geraten Mütter oft in die *Teilzeitfalle*: Nachdem sie ihre Arbeitszeit reduziert haben, um für die Familie da zu sein, wollen sie irgendwann wieder in Vollzeit arbeiten. Doch auf den guten Willen des oder der Vorgesetzten hofften sie bisher oft vergeblich. Einen Anspruch auf Rückkehr von Teilzeit in Vollzeit gibt es erst seit Anfang 2019. Das neu eingeführte Rückkehrrecht ist allerdings löchrig: Für zwei Drittel aller Mütter gilt es nicht.[20]

In einer besonders schwierigen Situation befinden sich *Alleinerziehende* – und in neun von zehn Fällen sind es Mütter, die alleine für eine Familie sorgen. Für sie ist nicht nur die Vereinbarkeit von Beruf und Familie doppelt schwierig. Bei ihnen ist das Geld häufig besonders knapp: nicht nur weil Frauen weniger verdienen, sondern auch, weil sich ohne Ehepartner das Ehegattensplitting nicht nutzen lässt. Obwohl alleinerziehende Mütter eigentlich darauf angewiesen sind, zu arbeiten, hatten 27 Prozent von ihnen 2017 keinen Job. Die meisten von ihnen würden aber gerne arbeiten.[21]

Die Rahmenbedingungen der Mutterschaft sind also oft schwierig. Gleichzeitig haben Frauen aber nicht nur den Wunsch, Kinder zu bekommen, sondern sind auch mit der sozialen Norm konfrontiert, das als Erfüllung ihrer Lebensträume zu betrachten. Und wenn Frau angeblich ihren Traum lebt, macht es ihr das nicht gerade leichter, sich über ungerechte Arbeitsaufteilung und fehlende Betreuungsmöglichkeiten zu beschweren.

KAPITEL ELF

Was sich Feminismus nennt, aber keiner ist

Grundsätzlich müssen nicht alle Feminismus mögen. Dann läuft er auch nicht Gefahr, zu einer leeren Hülle zu verkommen, die nach Belieben mit konservativen und rechten Inhalten befüllt werden kann.[1]

Katrin Gottschalk (geboren 1985), stellvertretende Chefredakteurin der *taz* und ehemalige Chefredakteurin des feministischen *Missy Magazine*

Wie schminkt sich eine Feministin? Der Kosmetikkonzern L'Oréal und die Sängerin Lena Meyer-Landrut haben einen Tipp, mit welchem Styling sich das Patriarchat stürzen lässt: dunkelgrüner Lidschatten, streng in der Mitte gescheiteltes Haar und gebürstete Augenbrauen. Im Juni 2018 veröffentlichte L'Oréal ein Video-Tutorial, in dem Lena Meyer-Landrut den sogenannten »Statement Look Feminist« präsentiert. Ein Visagist schminkt die Sängerin mit einer Lidschatten-Palette, die den Namen »Feminist« trägt. »Es sind starke Farben, aber auch ganz natürliche Töne dabei«, schwärmt Lena Meyer-Landrut.

Was an dem Produkt oder dem Styling feministisch sein soll, bleibt ein Rätsel – und als viele Menschen das

Schmink-Tutorial kritisieren, löscht L'Oréal das Video. Weniger rätselhaft ist, warum die Lidschatten-Palette diesen Namen trägt: Immer mehr Firmen erkennen, dass sich mit dem Label »Feminismus« momentan gute Geschäfte machen lassen. Sie nehmen wahr, dass viele Mädchen und Frauen Feminismus für sich entdeckt haben, und passen ihre Marketingstrategie dem Zeitgeist an.

Der Kampf für Gleichberechtigung als Verkaufsstrategie

Vor allem Modeunternehmen geben sich feministisch. Bei Fast-Fashion-Ketten wie H&M und Monki gibt es T-Shirts[2], Mützen[3] und Unterhosen[4] mit feministischen Slogans zu kaufen. Wer 550 Euro für ein Oberteil übrig hat, bekommt auch bei Dior ein weißes T-Shirt mit dem Aufdruck »We Should All Be Feminists«. Und die schwedische Marke Acne hatte schon 2015 Herren-Pullover im Angebot, die ihren Träger zum Verfechter von »Gender Equality« oder zum »Radical Feminist« erklärten.[5]

Eine andere Variante der Strategie, mit Girl Power eine feminismus-affine Zielgruppe anzusprechen, sind Werbespots mit entsprechender Botschaft: das sogenannte *Femvertising*.[6] So lässt zum Beispiel Audi in einem Werbespot ein kleines Mädchen beim Seifenkistenrennen an den Jungs vorbeiziehen. Derweil fragt sich der Vater, ob die Leistung seiner Tochter später wohl genauso wertgeschätzt wird wie die eines Mannes. Sollte die Tochter eines Tages bei Audi arbeiten, dann ja – so die Botschaft des Spots: Denn der Automobilkonzern habe sich dem Prinzip gleiche Bezahlung für gleiche Leistung verpflichtet.[7]

Die meisten Kaufentscheidungen treffen Frauen, und zwar nicht nur in der Drogerie oder im Supermarkt: Sie suchen auch häufiger als Männer das neue Auto und den nächsten Computer aus.[8] Es ist für Unternehmen daher wirtschaftlich sinnvoll, gezielt Werbung für Frauen zu machen. Vor allem aber werden viele dieser Femvertising-Spots sehr oft in den sozialen Netzwerken geteilt. Das ist besonders interessant für die werbenden Firmen, denn so erreicht die Botschaft viele potenzielle Kundinnen und sagt ihnen, bei was für einem modernen, frauenfreundlichen Unternehmen sie das nächste Mal eine Bodylotion oder Slipeinlagen kaufen könnten.

Aus feministischer Perspektive ist es zwar zu begrüßen, dass Frauen dadurch in der Werbung nicht mehr nur als sexy Deko oder Putzfeen auftauchen (siehe Kapitel 4). Und an Kleidung mit feministischen Sprüchen ist auch nichts prinzipiell verkehrt. Aber viele Unternehmen, die sich neuerdings einen feministischen Anstrich geben, zeichnen sich nicht dadurch aus, dass sie die Gleichberechtigung intern auch leben. So schaffen es bei L'Oréal und Audi vor allem Männer an die Unternehmensspitze. Im Konzernvorstand von L'Oréal sind nur ein Drittel der Mitglieder Frauen[9], im Vorstand von Audi sitzen sogar ausschließlich Männer.[10]

Besonders schlecht behandeln Fast-Fashion-Ketten wie H&M die Frauen, die für sie arbeiten: Die meist weiblichen[11] Näherinnen, die in den Textilfabriken im globalen Süden arbeiten, bekommen mickrige Stundenlöhne.[12] Arbeiter- und Menschenrechtsorganisationen berichten außerdem, dass Textilarbeiterinnen, die in Zulieferbetrieben von H&M beschäftigt sind, tagtäglich dem Risiko sexualisierter Gewalt ausgesetzt seien[13] und dass schwangeren Näherinnen häufig gekündigt werde.[14] Obwohl H&M nach dem Einsturz des Fabrikgebäudes Rana Plaza in Bangladesch 2013 bessere Sicherheitsstandards versprochen hatte – damals starben über 1100 Menschen –, gab es zweieinhalb Jahre später in den meisten Zulieferbetrieben in Bangladesch noch nicht einmal sichere Notausgänge.[15] Feministische Motto-T-Shirts zu nähen ist ein lebensgefährlicher Job.

Wem nützt Karrierefeminismus?

Das Beispiel der Textilarbeiterinnen zeigt, wie Feminismus zur hohlen Phrase verkommen kann, wenn er bloß als Vermarktungsstrategie dient: Das Label »Feminismus« nützt so am Ende nur kapitalistischen Gewinninteressen, während weiterhin sehr viele Frauen unter schlechten Arbeitsbedingungen schuften. Ähnlich steht es um den sogenannten *Karrierefeminismus* – ein Feminismus, der Frauen dazu ermuntert, sich den Regeln einer kapitalistisch geprägten Männerwelt unterzuordnen, statt die Regeln an sich infrage zu stellen.

Die Galionsfigur des Karrierefeminismus ist die Facebook-Co-Geschäftsführerin Sheryl Sandberg. 2013 veröffentlichte sie das Buch *»Lean In – Frauen und der Wille zum Erfolg«*. Ihr Ziel war es, Frauen zu ermutigen, Karriere zu machen und sich Führungspositionen zuzutrauen. Sandberg empfahl ihren Leserinnen: Los, Frauen, hängt euch rein, macht Überstunden, pflegt eure Netzwerke und lasst euch von eurem Partner unterstützen, dann klettert ihr lächelnd die Karriereleiter rauf und werdet Vorstandsvorsitzende.

Eines der Probleme mit einem Feminismus à la Sheryl Sandberg ist, dass die Option, Vorstandsvorsitzende zu werden, vielen Frauen gar nicht offensteht – egal, wie sehr sie sich reinhängen: Alleinerziehende Mütter haben oft keinen Partner, der ihnen den Rücken freihalten könnte. Muslimische Frauen, die Kopftuch tragen, werden häufig schon bei der Bewerbung um einen Job diskriminiert.[16] Und eine Friseurin, Erzieherin oder Verkäuferin muss sich ohnehin reinhängen, um mit ihrem niedrigen Stundenlohn über die Runden zu kommen. An die Spitze eines großen Unternehmens wird sie deshalb aber noch lange nicht gelangen. »Die Rhetorik des Karrierefeminismus dreht sich um die Gewinner – nicht um die Verlierer«, kritisiert die Kulturtheoretikerin Angela McRobbie.[17] So sieht der Karrierefeminismus vor allem die Schwierigkeiten einer kleinen, elitären

Gruppe von Frauen, meist weiße Akademikerinnen aus der Mittel- und Oberschicht.

Diese verengte Perspektive zeigt sich zum Teil auch in den feministischen Debatten in den Medien. Sie drehen sich oft um die Diskriminierung von Frauen, denen es vergleichsweise gut geht. Natürlich ist es ungerecht, dass in Hollywood Schauspielerinnen oft viel weniger verdienen als ihre männlichen Kollegen – trotzdem bekommen auch sie Millionengagen.[18] Ja, eine Quote für Aufsichtsräte in börsennotierten Unternehmen hilft Frauen, die gläserne Decke zu durchbrechen – allerdings nur sehr wenigen, die auf der Karriereleiter eh schon weit gekommen sind.[19] Wer es ernst meint mit dem Feminismus, sollte sich aber nicht nur für die Probleme wohlhabender Frauen interessieren.

Wie sich Rassismus als Feminismus tarnt

Hashtags wie *#Aufschrei* und *#MeToo* haben eine breite gesellschaftliche Debatte über die sexualisierte Gewalt entfacht, der Mädchen und Frauen tagtäglich ausgesetzt sind (siehe Kapitel 8). Diese überfällige Diskussion haben allerdings längst auch Rechtsextreme versucht zu kapern, um sie für ihre eigenen Zwecke zu nutzen. Die vom Verfassungsschutz beobachtete[20] Identitäre Bewegung startete beispielsweise vergangenes Jahr die Kampagne »120 Dezibel«.[21] Darin erklären die Identitären sexualisierte Übergriffe auf Frauen zu »importierter Gewalt«.[22] Gemeint ist damit: Gewalt, die es ohne Einwanderung angeblich nicht gäbe.

SHIRIN EBADI (GEBOREN 1947)

Die iranische Juristin Shirin Ebadi kämpft für Menschenrechte und Gleichberechtigung in ihrem Heimatland. Im Iran ist es um beides schlecht bestellt: Beispielsweise lässt der Staat Menschen foltern, Gerichte verhängen als Strafen Auspeitschungen, Amputationen und regelmäßig auch Hinrichtungen. Frauen müssen sich in der Öffentlichkeit verschleiern und dürfen ohne Zustimmung ihres Ehemanns bzw. Vaters nicht das Land verlassen. 1974 wird Ebadi als erste Frau im Iran zur Richterin ernannt, doch nach der Islamischen Revolution von 1979, mit der eine gesellschaftliche Schlechterstellung der Frauen beginnt, muss sie von ihrem Amt zurückzutreten. Für ihr Engagement für Menschenrechte wird Ebadi 2003 mit dem Friedensnobelpreis ausgezeichnet – als erste muslimische Frau. Seit 2009 lebt sie im Exil in London.

Anfang 2018 erschien auf YouTube ein Video von »120 Dezibel«.[23] Unterlegt von melancholischer Klaviermusik erzählen junge Frauen von Missbrauch, Vergewaltigung und Mord: »Ich wurde in Kandel erstochen, ich wurde in Malmö vergewaltigt, ich wurde in Rotherham missbraucht und ich wurde in Stockholm überfahren«, sagen die jungen Frauen in die Kamera – und beziehen sich dabei auf tatsächliche Gewalttaten gegen Frauen. Den aufgezählten Fällen ist gemeinsam, dass die mutmaßlichen Täter geflüchtete oder zugewanderte Männer waren.[24] Daraus ziehen die sprechenden Frauen die Schlussfolgerung, dass Frauen in Europa heute in ständiger Angst vor Übergriffen durch Geflüchtete leben müssten: »Wir sind nicht sicher, weil ihr uns nicht schützt, weil ihr euch weigert, unsere Grenzen zu sichern. Weil ihr euch weigert, zu kontrollieren, wer hier reinkommt. Weil ihr euch weigert, Straftäter abzuschieben.« Die Frauen in dem Video äußern außerdem die Befürchtung, bald einer »Mehrheit von jungen Männern aus archaischen, frauenfeindlichen Gesellschaften« gegenüberzustehen.

Wie die »120 Dezibel«-Kampagne Frauenrechte instrumentalisiert, um gegen Geflüchtete zu hetzen und Rassismus salonfähig zu machen, ist kein neues oder ungewöhnliches Phänomen. Auch die AfD versucht auf diese Weise, Stimmung gegen Einwanderung und die Aufnahme von Geflüchteten zu machen. Immer wieder ist auf ihren Seiten von der »Angst unserer Frauen« zu lesen. Am vielsagenden Possessivpronomen zu erkennen: Hier reden Männer über Frauen – und glauben offenbar, dass Frauen ihr Besitz sind.[25]

Gleichzeitig zeigt diese Formulierung auch, dass Ängste anderer Frauen (die nicht zu »ihren« gehören) diesen Männern offenbar gleichgültig sind.

Die meisten Feministinnen und Feministen grenzen sich von solchen Kampagnen klar ab. Zum einen, weil sie sich nicht nur entschieden gegen Sexismus, sondern auch gegen Rassismus und Islamfeindlichkeit positionieren. Zum anderen, weil der sogenannte *Femonationalismus*[26] von rechts so tut, als sei Gewalt gegen Mädchen und Frauen kein gesamtgesellschaftliches Problem. Stattdessen legen Kampagnen wie »120 Dezibel« nahe, dass alle Übergriffe von Migranten ausgingen. So, als gäbe es keine Vergewaltiger mit weißer Hautfarbe und deutschem Pass.

Gegenstrategie: Intersektionaler Feminismus

Feminismus als Verkaufsstrategie für T-Shirts und Autos; Feminismus, der sich nur für die Probleme von Gutverdienerinnen interessiert, und Feminismus, der Rassismus salonfähig machen soll: All diese Beispiele zeigen, dass man auch beim Etikett »Feminismus« kritisch hinterfragen sollte, was einem da eigentlich als Gleichberechtigung oder Emanzipation verkauft wird.

Wenn man genauer hinschauen will, ist es hilfreich, Feminismus konsequent *intersektional* zu denken. Der etwas sperrige Begriff *Intersektionalität* steht für die Überschneidung verschiedener Diskriminierungsformen in einer Person. Feminismus intersektional zu denken bedeutet, sich erstens bewusst zu machen, dass Menschen aus vielen Gründen Benachteiligung erfahren, nicht nur wegen ihres Geschlechts, sondern beispielsweise auch wegen ihrer Hautfarbe, ihres Alters, ihrer sozialen Herkunft, ihrer Staatsangehörigkeit, ihrer sexuellen Orientierung oder ihrer Religion. Und es bedeutet zweitens anzuerkennen, dass Menschen oft von mehreren dieser Diskriminierungen gleichzeitig betroffen sind. Die Kombination daraus ergibt eine eigenständige Diskriminierungserfahrung.

Konkret heißt das: Eine weiße Akademikerin in den

USA hat oft völlig andere Probleme als eine Textilarbeiterin in Bangladesch oder eine Geflüchtete aus Syrien – obwohl sie alle Frauen sind. Feminismus bedeutet, für sie alle ein freies, gleichberechtigtes Leben zu erkämpfen.

KAPITEL ZWÖLF

Feminismus – auch was für Jungs?

Es gibt keine Befreiung der Menschheit ohne die soziale Unabhängigkeit und Gleichstellung der Geschlechter.[1]

August Bebel (1840–1913), sozialistischer Politiker, Frauenrechtler und Mitbegründer der deutschen Sozialdemokratie

Im September 2014 hielt die Schauspielerin Emma Watson eine Rede vor den Vereinten Nationen, in der sie Männer dazu aufforderte, sich feministisch zu engagieren. »Wir wollen die Ungleichheit der Geschlechter beenden«, sagte sie. »Und um das zu erreichen, müssen sich alle beteiligen.«[2] Emma Watsons Vortrag bildete den Auftakt für die Kampagne »HeForShe«. Die Initiative soll Männer dazu bringen, sich für Geschlechtergerechtigkeit einzusetzen. Im darauffolgenden Jahr erzählte Watson in einem Interview, ihr sei vor ihrem Auftritt geraten worden, den Begriff »Feminismus« nicht zu benutzen: Er sei »entfremdend« und »trennend«. Dieser Ratschlag traf bei der Schauspielerin allerdings auf taube Ohren: Insgesamt sechs Mal sprach sie in ihrer Rede von »feminists« und »feminism«.[3]

Wenn sich ein Mensch männlichen Geschlechts nur für den Feminismus begeistern kann, solange niemand das böse F-Wort benutzt, dann wäre er wahrscheinlich eh kein großer Gewinn für die Bewegung. Trotzdem gilt natürlich: Es ist sehr wünschenswert, dass auch Jungs, Männer, Menschen aller Geschlechter für Geschlechtergerechtigkeit streiten. Es geht uns alle an, dass alle Menschen unabhängig von ihrem Geschlecht gleiche Rechte, Möglichkeiten und Freiheiten haben sollten. Feminismus bedeutet nicht, dass Frauen gegen Männer kämpfen. Feminist oder Feministin sein bedeutet, für eine Gesellschaft ohne Sexismus und einengende Geschlechterrollen einzutreten.

Deshalb gibt es auch schon seit Langem männliche Unterstützer in der feministischen Bewegung. In den USA fand im Sommer 1848 in Seneca Falls die erste Konferenz für Frauenrechte statt, an deren Ende eine Erklärung verabschiedet wurde, die alle männlichen Herrschaftsansprüche über Frauen zurückwies. 100 Menschen unterzeichneten diese »Declaration of Rights and Sentiments«: 68 Frauen und 32 Männer.[4]

Der Feminismus verspricht, nicht nur Frauen, sondern alle Geschlechter gleichermaßen zu befreien. Für Jungs und Männer bedeutet das: Alles, was in unserer Gesellschaft als weiblich gilt, wäre für sie nicht mehr tabu. Feminismus eröffnet ihnen eine Welt, in der sie mit dem Berufsziel Erzieher oder Entbindungspfleger nicht mehr schräg angesehen werden und in der es okay ist, wenn sie sich gegen eine Karriere entscheiden. Eine Welt, in der sie sich ohne Angst die Nägel lackieren und Gefühle zeigen können. Und zwar nicht nur, wenn es um Fußball geht, sondern auch, wenn sie Liebeskummer haben oder durch eine Prüfung gefallen sind.

Denn in einer Welt, in der alles angeblich Weibliche abgewertet wird, müssen Jungs und Männer ständig ihre Männlichkeit beweisen. Sobald sie aus ihrer Rolle ausbrechen und »Mädchenkram« machen, werten sie sich automatisch selbst ab.

Deshalb haben sich die Geschlechterrollen bisher auch stärker in eine Richtung geöffnet als in die andere: Die Gesellschaft hat heute kein Problem mit kleinen Mädchen, die Hosen tragen und mit Feuerwehrautos spielen, sich also an der männlichen Norm orientieren, wohl aber eines mit kleinen Jungs, die Röcke anziehen und zum Ballett-Unterricht gehen.

Wenn du dich als Junge oder Mann für eine geschlechtergerechte Welt einsetzen willst, dann stehen dir alle Wege offen, die im Kapitel 14 beschrieben werden. Und jetzt folgen noch einige Extra-Tipps.

Sei dir bewusst, dass du es leichter hast

Mach dir klar, dass dein Geschlecht einen Vorteil für dich bedeutet – oder wie es oft heißt: dass du als Junge und Mann *privilegiert* bist gegenüber Mädchen und Frauen.

Das heißt nicht, dass du ein Leben ohne Sorgen führst oder dass du nicht scheitern kannst. Dein Privileg besteht darin, dass du aufgrund deines Geschlechts nicht systematisch benachteiligt wirst: Beim Friseur zahlst du weniger als das Mädchen, obwohl es genau wie du einen Kurzhaarschnitt trägt. Du wirst nicht als Schlampe oder Nutte beschimpft, falls du mit vielen Menschen Sex hast. Und im Alter zwischen 25 und 35 Jahren werden Arbeitgeber nicht zögern, dich einzustellen, weil keine Gefahr besteht, dass du bald schwanger wirst.

Es gibt neben dem Geschlecht noch andere Faktoren, die ein gesellschaftliches Privileg darstellen, also einen Menschen vor systematischen Nachteilen schützen: Wenn du ein weißer, heterosexueller Cis-Mann bist, einen deutschen Pass und keine Behinderung hast, deine Eltern studiert haben und du ohne finanzielle Sorgen aufgewachsen bist, dann macht das dein Leben einfacher. Sei dir deiner Privilegien bewusst und solidarisch mit jenen, die es schwerer haben.

Hör zu

Mädchen und Frauen machen auf Grund ihres Geschlechts bestimmte Erfahrungen, die du nicht teilst – und die dir womöglich auch noch gar nicht bewusst sind. Daher nimm dich zurück und hör Mädchen und Frauen zu. Und hör nicht nur deiner Freundin, deiner Schwester und deiner Mutter zu, sondern auch der Mitschülerin, die im Rollstuhl sitzt, und der Trans-Frau, die du bei der Feminismus-Demo kennenlernst. Wenn sie von Sexismus berichten, verfall nicht automatisch in eine Verteidigungshaltung, du bist nicht persönlich angegriffen. Nimm ihre Erfahrungen ernst. Erkläre ihnen nicht, dass eigentlich alles ganz anders gewesen sein muss, als sie das wahrgenommen haben. Es gibt nicht ohne Grund den Begriff des *Mansplaining*. Er steht für das Phänomen, dass Männer mitunter dazu neigen, einer Frau die Welt zu erklären, auch wenn sie sich in einem Thema schlechter auskennen als ihre Zuhörerin.

Stell andere Jungs und Männer zur Rede

Wenn du Zeuge wirst, dass andere Jungs oder Männer sich frauenfeindlich verhalten, misch dich ein. Lach nicht aus Höflichkeit über die Chauvi-Sprüche deines Mannschaftskameraden, sondern mach ihm klar, warum die Sprüche nicht in Ordnung sind. Und wenn dein bester Freund auf einer Party ein Mädchen bedrängt, das kein Interesse an ihm hat, stoppe ihn. Sexismus nur im Stillen zu verurteilen sorgt nicht dafür, dass er verschwindet, sondern im Gegenteil dafür, dass andere weiterhin mit sexistischem Verhalten durchkommen.

13 Fragen für Jungs

- Widersprichst du, wenn jemand einen frauenfeindlichen Witz reißt?
- Würdest du auf eine spontane Gelegenheit zum Baden verzichten, weil irgendein Teil deines Körpers nicht frisch rasiert ist?
- Hast du jeden Morgen das Gefühl, du müsstest irgendwas mit deinen Haaren machen, weil das von dir erwartet wird?
- Haben andere schon mal dein Gewicht kommentiert?
- Hast du schon mal eine Diät gemacht oder darüber nachgedacht?

- Hast du Angst, wenn du nachts durch eine einsame Straße nach Hause läufst?
- Schreibst du Freunden eine Nachricht, sobald du sicher zu Hause angekommen bist?
- Wurde dir beigebracht, dass du vorsichtig sein und dich schützen musst?
- Wurdest du schon mal als »hysterisch« oder »zickig« bezeichnet, weil du dich über eine Ungerechtigkeit beschwert hast?
- Wie oft unterbricht dich ein Mädchen, wenn du etwas sagst?
- Wirst du dafür gelobt, dass du »hübsch« oder »süß« aussiehst?
- Hat schon mal jemand zu dir gesagt, dass du so hässlich bist, dass eh niemand mit dir Sex haben möchte?
- Wie oft hast du schon eine Freundin erfunden, um ein dich aufdringlich anbaggerndes Mädchen loszuwerden?
- Traust du dich, vor anderen zu weinen?

KAPITEL DREIZEHN

Gegenwind: Antifeminismus

Je dringender die Gefahr der Fraueninvasion in das Reich der Männer sich gestaltet, je geharnischter treten ihr die Bedrohten entgegen.

Hedwig Dohm (1831–1919), Schriftstellerin und feministische Theoretikerin, in »Die Antifeministen«[1]

Die Medienkritikerin Anita Sarkeesian ist genervt, und zwar von Computerspielen mit klischeehaften Frauenfiguren: solchen wie der »Jungfrau in Nöten«, ein tumber weiblicher Videospielcharakter, der immer nur vom männlichen Helden gerettet werden muss. Was sie alles an dieser stereotypen Frauenfigur stört, erklärt Sarkeesian in einer dreiteiligen Videoserie[2] auf ihrem YouTube-Kanal *Feminist Frequency*. Sarkeesian befasst sich dort immer wieder mit Sexismus und Geschlechterklischees in der Popkultur, nicht nur in Games, sondern auch in Filmen, Serien und Büchern. Manche ihrer Videos haben inzwischen mehrere Millionen Menschen angesehen.

Sarkeesians feministische Kritik an Computerspielen hat ihr aber nicht nur Fans beschert, sondern auch eine Hasskampagne: Sie bekam Vergewaltigungs- und Morddrohungen, in ihrem Wikipedia-Eintrag landeten Pornobilder und es wurde versucht, ihre Videos auf YouTube sperren zu lassen. Sarkeesians Website wurde angegriffen und ihre Adresse veröffentlicht. Außerdem programmierte jemand ein Spiel, dessen einziger Zweck es ist, auf Sarkeesian einzuprügeln.[3]

Schon seit dem Sommer 2012 sind die Drohungen, der Hass und die Demütigungen Sarkeesians ständige Begleiter:[4] Dadurch wollen antifeministische Trolle sie einschüchtern und zum Schweigen bringen. Der feministischen Autorin Laurie Penny ergeht es ähnlich wie Sarkeesian. Vor einigen Jahren erhielt sie über Twitter eine anonyme Drohung. Die Nachricht lautete »Wir sprengen dein Haus in die Luft«, dazu ein Datum und eine Uhrzeit. Penny versteckte sich daraufhin zwei Tage bei ihrem Ex-Freund und versuchte, ihre Nachbarn zu warnen.[5]

Wer sich feministisch äußert, muss aber nicht nur mit anonymen Hassnachrichten rechnen. Eine immer selbstbewusster agierende antifeministische Bewegung hat sich zum Ziel gemacht, ganz grundsätzlich gegen die Frauenbewegung und ihre Forderungen und Errungenschaften vorzugehen. Auf YouTube veröffentlichen antifeministische Aktivisten Videos, in denen sie Feministinnen und Feministen akribisch vermeintliche Fehler nachweisen, auf Wikipedia überarbeiten sie die Artikel über bekannte Feministinnen und Feministen, um diese zu delegitimieren – und wenn das nicht gelingt, legen sie ihre eigenen Online-Enzyklopädien an. Antifeministen und Antifeministinnen – ja, die gibt es auch, dazu gleich mehr – schaffen so das Fundament für Angriffe, wie sie Anita Sarkeesian und Laurie Penny erlebt haben.

MALALA YOUSAFZAI (GEBOREN 1997)

Als Malala Yousafzai zehn Jahre alt ist, übernehmen in ihrer Heimat, dem Swat-Tal in Pakistan, die radikalislamischen Taliban die Macht: Sie wollen einen Gottesstaat errichten und verbieten Mädchen unter anderem zur Schule zu gehen und Musik zu hören. Malala beginnt, unter Pseudonym ein Online-Tagebuch für den Fernsehsender BBC zu schreiben, in dem sie berichtet, wie die Taliban die Menschen im Land unterdrücken. Malala wird berühmt und setzt sich nun auch öffentlich für das Recht von Mädchen auf Bildung ein. Damit macht sie sich Feinde: 2012 stoppt ein Taliban-Kämpfer ihren Schulbus und schießt ihr ins Gesicht. Malala überlebt das Attentat, befindet sich aber seitdem mit ihrer Familie im Exil in Großbritannien. 2014 erhält sie im Alter von 17 Jahren den Friedensnobelpreis.

Frauen gegen Frauenrechte

Antifeminismus existiert, seit Feminismus existiert. Auch die Suffragetten, die in England für das Frauenwahlrecht kämpften, bekamen schon Hassnachrichten zugeschickt – allerdings noch auf Papier. Dazu wurden die Suffragetten mit faulen Eiern und Fischen beworfen und auf ihren Versammlungen wurden heimlich Ratten ausgesetzt. Und nicht nur Männer, auch manche Frauen stellten sich gegen die Suffragetten: Es gab damals mehrere Anti-Frauenwahlrechtsgruppen. Eine von ihnen war die »National League for Opposing Woman Suffrage«, deren Leiterin der Meinung war: »Frauen müssen die Frauenbewegung zerstören.«[6]

Wie kann es sein, dass Frauen sich dagegen wehren, das Wahlrecht zu erhalten? Es klingt bizarr, ist aber in einer von Männern dominierten Gesellschaft durchaus nachvollziehbar. Denn in ihr werden Frauen oft dazu erzogen, sich mit Männern zu identifizieren und die Ansichten und Rechte der Männer als wichtiger zu erachten als ihre eigenen. Wenn die patriarchatsgläubige Erziehung erfolgreich ist, halten Frauen das vermittelte Weltbild für richtig und lassen sich weiter unterdrücken: so wie damals in England.[7]

Gegen »Gender«

Der Antifeminismus der Gegenwart vertritt drei zentrale Punkte: 1. Es gibt ausschließlich Männer und Frauen, alles andere ist bloß »Genderideologie«. 2. Männer und Frauen sind von Natur aus verschieden und haben unterschiedliche Aufgaben in der Gesellschaft, daher sollten sie nicht durch den Feminismus »umerzogen« werden. 3. Gleichstellungspolitik wie zum Beispiel eine Frauenquote ist daher völlig falsch. Noch dazu sind Quoten sexistisch, weil sie Männer benachteiligen.[8]

Charakteristisch für den heutigen Antifeminismus ist außerdem der Hass auf alles, das irgendwie mit dem Reizwort *Gender* zu tun hat. Ganz besonders vehement werden die *Gender Studies* abgelehnt. Diese forschen zu dem Thema, inwieweit Männlichkeit und Weiblichkeit nicht einfach biologische Gegebenheiten sind, sondern kulturell bedingt und vermittelt. Sowohl der Begriff *Gender* als auch das Fach stehen dafür, dass gesellschaftliche Vorstellungen zu Geschlecht offener und flexibler werden. Deshalb bemüht sich der Antifeminismus, die Gender Studies als unwissenschaftliche Disziplin zu verunglimpfen, die reine Ideologie produziere und Steuergelder verschwende.[9]

Auch eine schulische Sexualerziehung, die über unterschiedliche Lebens- und Beziehungsformen spricht und nicht nur über die heterosexuelle Kleinfamilie, lehnen die Vertreterinnen und Vertreter des Antifeminismus ab. Von homosexuellen Paaren oder Transpersonen im Unterricht zu erfahren führe angeblich zur »Frühsexualisierung« von Kindern. Hinter dieser Kampfvokabel verbirgt sich eigentlich LGBT-Feindlichkeit und die Ablehnung sexueller Vielfalt.

Während in den vergangenen Jahren der Feminismus erstarkt ist, sind parallel dazu auch die antifeministischen Stimmen lauter geworden. Für alle, denen an einer gleichberechtigten Gesellschaft etwas liegt, kann das nur beunruhigend sein – zumal weltweit mächtige Männer ins gleiche frauenfeindliche Horn stoßen: Der Papst verglich vor Kurzem Abtreibungen mit Auftragsmord. Und Donald Trump sagte, er könne Frauen einfach zwischen die Beine grapschen und sie ließen es geschehen, weil er ein Star sei. Dass er trotzdem zum US-Präsidenten gewählt wurde, zeigt, dass sogar höchst frauenfeindliche Äußerungen kein Karrierehindernis mehr sein müssen. Im Gegenteil, Präsident Trump und der Papst können sich sicher sein, dass sich ausreichend Leute finden, die nicht trotz, sondern gerade wegen solch frauenfeindlicher Aussagen treu zu ihnen halten.

Tipps, wie du auf antifeministische Aussagen reagieren kannst, findest du auf Seite 168–171.

KAPITEL VIERZEHN

Und jetzt? Feministisch aktiv werden

Die Zukunft hängt einzig und allein davon ab, was wir alle an jedem Tag tun. Eine Bewegung gibt es nur, wenn sich Menschen bewegen.

Gloria Steinem (geboren 1934), Feministin, Autorin und Co-Gründerin des feministischen Magazins *Ms.*[1]

Es ist gut möglich, dass du wütend bist, nachdem du dieses Buch gelesen hast. Wütend darüber, wie weit wir noch entfernt sind von einer gerechten Gesellschaft, in der Menschen keine Nachteile wegen ihres Geschlechts oder andere Diskriminierungen fürchten müssen. Oft wird Mädchen vermittelt, dass sie nicht wütend sein sollen. Aber Wut ist ein wichtiges Gefühl, sie bringt dich dazu, dich zu engagieren. Aber wie, was kannst du tun? Das hier könnten die ersten Schritte sein.

Sei selbstbewusst

Viele Feministinnen und Feministen tun sich zunächst schwer damit, sich selbst als solche zu bezeichnen. Denn Feminismus hat ein Imageproblem, immer noch. Auch wenn es am Ende nicht um Begriffe geht: Trau dich ruhig, dich offensiv zum Feminismus zu bekennen. Dann trauen sich andere vielleicht auch – und du hast eine Gelegenheit, mit anderen über Feminismus zu diskutieren.

Sprich über Feminismus

Und zwar sowohl mit Feminismus-Fans als auch mit Leuten, die von sich sagen, dass sie mit Feminismus nichts anfangen können. Einen Aufhänger dafür gibt es ständig: das Werbeplakat, auf dem mit einer halb nackten Frau eine Bohrmaschine beworben wird. Neue Zahlen zu den Verdienstunterschieden von Männern und Frauen. Oder dass jemand über eine Transfrau sagt, sie sei doch eigentlich ein Mann. Erzähl anderen Menschen, wie du über diese Dinge denkst. Du musst nicht alles über Feminismus wissen, um mitreden zu dürfen. Und es ist auch okay, mal etwas Dummes zu sagen oder durch eine Diskussion die eigene Meinung zu ändern. Du diskutierst ja nicht nur, um andere zu überzeugen, sondern auch, um zu lernen. Falls dir jemand mit blöden Vorurteilen über Feminismus kommt, kann der feministische Spickzettel helfen (S.168–171).

Finde deinen Feminismus

Vertiefe dein Wissen über Feminismus. Es gibt so viele Möglichkeiten: Lies feministische Blogs, Bücher und Zeitschriften, höre feministische Podcasts oder schaue dir Videos an. Vielleicht gibt es ein feministisches Anliegen, das dir besonders wichtig ist, für das du dich einsetzen und über das du noch mehr wissen willst? Informiere dich, tausch dich mit anderen aus und finde deine Form des Feminismus.

Sei nicht sexistisch

Wir leben in einer sexistischen Gesellschaft und das geht an niemandem von uns spurlos vorbei. Achte darauf, wann du selbst in sexistische Denk- und Verhaltensmuster fällst: Wann hast du das letzte Mal über ein Mädchen, das einen tiefen Ausschnitt trug, gesagt, dass es »billig« oder »schlampig« sei? Lachst du über Blondinenwitze? Findest du es unmännlich, wenn sich ein Freund nicht traut, vom Zehner zu springen? Erwartest du als heterosexuelle Frau, dass beim ersten Date der Mann zahlt, weil das eben so üblich ist?

Vernetze dich mit anderen

Alleine kämpfen kann frustrierend sein – und zusammen erreicht ihr mehr. Such dir Gleichgesinnte, ob online oder offline. Ihr könnt euch nicht nur gegenseitig unterstützen, sondern du lernst so auch unterschiedliche Perspektiven kennen: Eine muslimische Feministin, die Kopftuch trägt, eine lesbische Feministin, die auf dem Land lebt, und eine Physik studierende Feministin, die oft die einzige Frau im Uni-Seminar ist, machen in ihrem Alltag ganz unterschiedliche Erfahrungen.

Protestiere

Traditionell demonstrieren Feministinnen jedes Jahr am 8. März, dem Internationalen Frauentag, in aktivistischen Kreisen oft auch Frauenkampftag genannt. Es gibt aber natürlich noch andere Anlässe, um für Geschlechtergerechtigkeit auf die Straße zu gehen – und weitere Möglichkeiten des Protests. Zum Beispiel im Netz: Du kannst einen feministischen Hashtag starten oder ein Blog schreiben, in dem du feministische Kritik formulierst. Protest schafft Aufmerksamkeit. Wenn alle nur still für sich denken, dass es in der Gesellschaft ungerecht zugeht, ändert sich leider gar nichts.

Der feministische Spickzettel: Wie du typische Vorurteile kontern kannst

Es gibt gewisse Sprüche, die sich Feministinnen und Feministen immer wieder anhören müssen. Diese Bemerkungen sind so blöd und falsch, dass es dir direkt die Sprache verschlagen kann. Wenn du dagegenhalten willst, kannst du diesen Spickzettel zum Kontern benutzen.

Erfahrungsgemäß gibt es aber auch einige Menschen, die es nicht verstehen *wollen*. Ob es sich lohnt, mit ihnen zu diskutieren, kannst du nur für dich entscheiden. Vielleicht ist dir deine Zeit dafür auch zu schade – das ist total in Ordnung!

»Feministinnen hassen Männer.«

»Seltsam, dass trotzdem so viele Feministinnen Liebesbeziehungen mit Männern haben und mit Männern befreundet sind. Feministinnen haben nichts gegen Männer, sondern gegen das Patriarchat. Was sie hassen, ist, dass Männer und Frauen in unserer Gesellschaft nicht gleich gut behandelt werden.«

»Feminismus diskriminiert Männer.«
»Feminismus kämpft dafür, dass niemand diskriminiert wird – egal, welches Geschlecht ein Mensch hat.«

»Aber Quoten diskriminieren Männer!«
»Nein, Quoten gleichen nur die strukturelle Benachteiligung von Frauen aus. Mit freiwilligen Selbstverpflichtungen zur Frauenförderung hat das in der Vergangenheit nicht geklappt, weil Männer in Führungspositionen bevorzugt andere Männer fördern. Ach ja, sogenannte Frauenquoten heißen eigentlich Geschlechterquoten – weil sie auch ausgleichen sollen, wenn Männer unterrepräsentiert sind.

»Wir sind doch längst gleichberechtigt.«
»Gleiche Rechte auf dem Papier reichen nicht. Solange Mädchen und Frauen Angst vor sexualisierter Gewalt haben müssen, im Job gegen eine gläserne Decke stoßen, in Politik und Gesellschaft seltener an Schlüsselpositionen gelangen, weniger Geld für ihre Arbeit bekommen und einem unerreichbaren Schönheitsideal entsprechen sollen, brauchen wir Feminismus.«

»Mal rein biologisch gesehen: Die Geschlechter sind einfach verschieden.«
»In der Biologie gilt es inzwischen als erwiesen, dass Geschlecht ein Spektrum ist. Bei den meisten Studien zu Geschlechterunterschieden kommt raus, wie ähnlich sich Frauen und Männer sind. Und was genau sol-

len bitte Brüste und Hoden damit zu tun haben, ob ein Mensch Ahnung von Technik hat oder gerne Schuhe shoppen geht?«

»Wie eklig, Feministinnen rasieren sich nicht die Beine.«
»Eklig ist es vor allem, Menschen wegen ihres Aussehens abzuwerten. Ob sich eine Frau die Beine rasiert oder nicht, ist ganz allein ihre Entscheidung. Genauso wie die Frage, ob sie sich schminkt, ob sie High Heels trägt oder Trekking-Sandalen. Feministinnen haben nichts gegen glatte Waden, sondern gegen die gesellschaftliche Norm, sich als Frau die Beine rasieren zu *müssen.*«

»Aber Alice Schwarzer (oder irgendeine andere Feministin) sagt, dass ...«
»Im Feminismus sind nicht immer alle einer Meinung – das ist in anderen sozialen Bewegungen oder in Parteien ja genauso. Wenn eine Feministin etwas sagt, das ich anders sehe oder falsch finde, bedeutet das nicht, dass ich mich nicht mehr als Feministin identifiziere. Und es spricht dem Feminismus auch nicht seine Berechtigung ab.«

»Ich bin auch eine Frau und ich habe noch nie erlebt, dass ich benachteiligt wurde.«
»Das ist erfreulich – es geht aber nicht immer nur um dich selbst. Viele Mädchen und Frauen machen andere Erfahrungen als du. Sie werden beim Kellnern von Gästen sexuell belästigt, ihnen wird vermittelt, dass sie zu

dick seien, um ein bauchfreies Oberteil zu tragen, oder sie bekommen einen Job nicht, weil ein Arbeitgeber ihnen weniger zutraut als einem männlichen Bewerber oder Angst hat, dass sie bald schwanger werden könnten. Und im Alter erhalten viele Frauen nur sehr wenig Rente, weil sie in Teilzeit gearbeitet haben, um die Kinder zu versorgen oder Angehörige zu pflegen. Warum sollten wir als Gesellschaft nicht darauf hinarbeiten, dass sich das ändert?«

Wenn ihr mehr wissen wollt

Bücher und Comics

Chimamanda Ngozi Adichie: *Mehr Feminismus! Ein Manifest und vier Stories*, Fischer Taschenbuch 2016

Sonja Eismann: *Ene, mene, Missy. Die Superkräfte des Feminismus*, Fischer Kinder- und Jugendtaschenbuch 2017

Cordelia Fine: *Die Geschlechterlüge. Die Macht der Vorurteile über Frau und Mann*, Klett-Cotta Verlag 2012

Julia Korbik: *How to be a girl: stark, frei und ganz du selbst*, Gabriel Verlag 2018

Patu/Antje Schrupp: *Kleine Geschichte des Feminismus*, Unrast Verlag 2018

Margarete Stokowski: *Untenrum frei*, Rowohlt 2018

Margarete Stokowski: *Die letzten Tage des Patriarchats*, Rowohlt 2018

Liv Strömquist: *Der Ursprung der Welt*, Avant-Verlag 2017

Liv Strömquist: *Der Ursprung der Liebe*, Avant-Verlag 2018

Magazine, Kolumnen und Blogs

Missy Magazine: https://missy-magazine.de/

An.schläge: https://www.anschlaege.at/feminismus/

fluter Geschlechter: https://www.fluter.de/heft57

kleinerdrei: http://kleinerdrei.org/ (Archiv, Blog ist eingestellt)

Mädchenmannschaft: https://maedchenmannschaft.net

10 nach 8, Kolumne eines Kollektivs: https://www.zeit.de/10nach8

Oben und unten, Kolumne von Margarete Stokowski: http://www.spiegel.de/thema/spon_stokowski/

Videos

Auf Klo: https://www.youtube.com/channel/UCUueEx_ceEQrjlR9ctPNKyg

Feminist Frequency: https://feministfrequency.com/

Mädelsabende: https://www.instagram.com/maedelsabende/

Sexuelles Einverständnis (tea consent): https://www.youtube.com/watch?v=oQbei5JGiT8

Glossar

Bechdel-Test

Der *Bechdel-Test* ist eine Art feministische Faustregel, ob ein Film männerzentriert ist oder auch die Perspektiven von Frauen darstellt. Er ist benannt nach der Comic-Zeichnerin Alison Bechdel, die die Regel des Tests in einem Cartoon formulierte. Der *Bechdel-Test* besteht aus drei Fragen: *1. Gibt es mindestens zwei Frauen mit einem eigenen Namen? 2. Sprechen diese Frauen miteinander? 3. Unterhalten sie sich über etwas anderes als einen Mann?* Alle diese Fragen müssen mit »Ja« beantwortet werden, damit ein Film den Test besteht.

Binär

Ein System mit genau zwei Optionen wird als *binär* bezeichnet. Die Geschlechterordnung der westlichen Gesellschaften unterscheidet zwischen zwei Kategorien, Frauen und Männern, und ist deshalb binär. Manche Menschen, die sich in diesen beiden Geschlechtern nicht wiederfinden, bezeichnen sich als nicht-binär oder auch als non-binary.

Biologismus

Wenn Biologie als Erklärung für ein soziales Phänomen dient, während die Einflüsse von Kultur und Sozialisation ausgeklammert werden, wird von einem *Biologismus* gesprochen. Biologismen lassen Unterschiede zwischen Männern und Frauen, zum Beispiel in der Berufswahl, als natürlich und unveränderbar erscheinen.

Body Positivity

Jeder Körper ist liebenswert – das ist der Grundgedanke der Bewegung für *Body Positivity.* Sie lehnt die ständige Bewertung von Körpern als »gut« oder »schlecht«, »schön« oder »hässlich« ab.

Care-Arbeit

Das englische Wort *care* bedeutet »Fürsorge«, »Pflege«, »Betreuung«. Der Begriff *Care-Arbeit* bezeichnet die oft schlecht oder gar nicht bezahlte Arbeit im Haushalt und in der Betreuung von Kindern, Alten und Kranken. Vor allem Frauen leisten Care-Arbeit: privat und im Berufsleben, beispielsweise als Erzieherin oder Altenpflegerin.

Cis

Cis-Frauen und Cis-Männer sind Menschen, die sich mit dem Geschlecht identifizieren, das ihnen bei der Geburt zugewiesen wurde. *Cis* ist der Gegenbegriff zu *trans.*

Differenzfeminismus

Eine der beiden Hauptströmungen des Feminismus. Der *Differenzfeminismus* geht davon aus, dass die Geschlechter grundsätzlich verschieden sind: Männer und Frauen sind nicht gleich, aber gleichwertig. Der Differenzfeminismus kritisiert, dass wir in einer männlich geprägten Gesellschaft leben, in der auf die Eigenschaften und Bedürfnisse von Frauen keine Rücksicht genommen und Weibliches abgewertet wird.

Doing Gender

Das kulturell bedingte, soziale Geschlecht (Gender) bringt eine bestimmte Rollenerwartung mit sich. Wenn Menschen dieses Rollenspiel aktiv mitmachen, um bewusst oder unbewusst den Erwartungen an sie gerecht zu werden, nennt man das *Doing Gender*. Wenn zum Beispiel ein heterosexuelles Paar in ein Auto einsteigt, dann setzt sich sehr oft der Mann ans Steuer und die Frau auf den Beifahrersitz. Beim ersten Date zahlt er – und sie lässt sich einladen.

Equal Pay Day

Jährlicher Aktionstag, der auf die ungleiche Bezahlung von Männern und Frauen aufmerksam machen soll. Der *Equal Pay Day* hat kein festes Datum, sondern orientiert sich am *Gender Pay Gap*: Ausgehend von der Größe der Lohnlücke zwischen den Geschlechtern wird errechnet, bis zu welchem Tag im Jahr Frauen sozusagen umsonst arbeiten: Dieser Tag ist der *Equal Pay Day*.

Fat Shaming

Menschen, deren Körper nicht der gesellschaftlichen Schlankheitsnorm entsprechen, erleben häufig *Fat Shaming*: zum Beispiel abschätzige Blicke oder respektlose Kommentare über den eigenen Körper.

Gender

Das englische Wort für das soziale, kulturell bedingte Geschlecht, in Abgrenzung zu *Sex*, dem biologischen Geschlecht. *Gender* steht für die Eigenschaften und die gesellschaftliche Rolle, die einer Person aufgrund ihres Geschlechts zugeschrieben werden.

Gender Gap _ und Gender Star *

Dies sind zwei Varianten, gendergerecht zu schreiben, um Menschen aller Geschlechter explizit zu benennen. Manche Feminist_innen benutzen dafür den *Gender Gap*, andere Feminist*innen bevorzugen den *Gender Star*.

Gender Pay Gap

Die Lohnlücke zwischen Männern und Frauen. In Deutschland beträgt der *Gender Pay Gap* zurzeit 21 Prozent und ist damit größer als in den meisten anderen Ländern der EU. Es wird unterschieden zwischen dem unbereinigten und dem bereinigten *Gender Pay Gap*. Bei Letzterem werden Faktoren herausgerechnet, die dazu beitragen, dass Frauen weniger verdienen als Männer, zum Beispiel, dass Frauen seltener in Führungspositionen, aber öfter in Teilzeit und in Branchen mit schlechter Bezahlung arbeiten. Doch auch wenn dies berücksichtigt wird, bleibt eine Lohnlücke von sechs Prozent zwischen den Geschlechtern.

Gender Pricing

Ein Damenhaarschnitt oder ein Damenrasierer ist häufig teurer als die gleiche Dienstleistung oder das gleiche Produkt für Männer. Dieser geschlechtsspezifische Preisaufschlag wird *Gender Pricing* genannt. Er basiert auf der Annahme, dass Frauen bereit sind, mehr Geld für ein bestimmtes Produkt oder eine Dienstleistung auszugeben, zum Beispiel einen Haarschnitt.

Generisches Maskulinum

Genannt werden nur die Männer, alle anderen sollen sich mitgemeint fühlen – diese Praxis des Schreibens und Sprechens wird *generisches Maskulinum* genannt. So ist beispielsweise von 100 Lehrern oder 100 Friseuren die Rede, sogar wenn darunter mehrheitlich Frauen sind.

Gläserne Decke

Spätestens im mittleren Management enden die meisten Karrieren von Frauen. Die obersten Chefposten in Unternehmen besetzen fast ausschließlich Männer. Doch die Gründe, warum Frauen es oft nicht ganz an die Spitze schaffen, sind nicht ersichtlich: Der Begriff der *gläsernen Decke* steht für diese unsichtbare Barriere.

Gleichheitsfeminismus

Eine der beiden Hauptströmungen des Feminismus. Der *Gleichheitsfeminismus* betont die grundsätzliche Gleichheit von Männern und Frauen und wendet sich gegen die Idee einer »weiblichen Natur«. Er vertritt die Ansicht, dass Unterschiede zwischen Männern und Frauen darin begründet sind, dass die Gesellschaft ihre weiblichen und männlichen Mitglieder von Anfang an anders behandelt und ihnen je nach Geschlecht eine Rolle zuweist.

Heteronormativität

Heteronormativität steht für die Haltung, dass nur Heterosexualität normal und gut ist, im Unterschied zu allen anderen sexuellen Orientierungen.

Intersektionalität

Der Begriff *Intersektionalität* wurde ursprünglich von schwarzen Feministinnen in den USA geprägt, als Kritik an einem Feminismus, der vor allem weiße Mittelschichtsfrauen im Blick hat – und Unterdrückung durch zum Beispiel Rassismus vergisst. Intersektionaler Feminismus bedenkt mit, dass viele Faktoren zu Diskriminierung führen und sich in einer Person überkreuzen können: neben dem Geschlecht zum Beispiel die Hautfarbe, die soziale Herkunft, die Religion und die sexuelle Orientierung.

Intersexualität

Nicht alle Menschen können klar einem biologischen Geschlecht zugeordnet werden. Personen, deren Körper sowohl männliche als auch weibliche Merkmale aufweist, werden als *intersexuell* bezeichnet.

LGBT

Sammelbegriff aus dem Englischen für Menschen, die nicht heterosexuell und/oder cis-geschlechtlich sind. Die Abkürzung steht für *Lesbian Gay Bisexual Trans*, also für Lesben, Schwule, Bisexuelle und Trans-Personen. Der Begriff wird oft erweitert um zusätzliche Buchstaben: Q für queere Menschen, I für Intersexuelle.

Male Gaze

Aus der feministischen Filmtheorie stammt der Begriff des *Male Gaze*, also des männlichen Blicks. Er beschreibt, dass das Publikum (egal welchen Geschlechts) im Film die Perspektive eines heterosexuellen Mannes einnimmt, der Frauen begehrt und mit sexuellem Interesse auf ihre Körper blickt. Die Kamera verharrt zum Beispiel häufig im Dekolleté oder auf dem Po einer Frau.

Manspreading

Der Begriff *Manspreading* steht für das Phänomen, dass manche Männer in der Öffentlichkeit sehr raumgreifend sitzen, nämlich mit weit gespreizten Beinen.

Marxistischer Feminismus

Der *marxistische Feminismus* basiert auf den Lehren von Karl Marx, der die Ausbeutung vieler Menschen im Kapitalismus kritisierte. Diese Kapitalismuskritik verbindet der marxistische Feminismus mit einem Fokus auf die Rolle der Frauen, die im Haushalt die unbezahlte Arbeit leisten – die sogenannte Reproduktionsarbeit, während Männer davon unbehelligt die Lohnarbeit leisten, also für ihre Arbeit Geld bekommen.

Misogynie

Aus dem Griechischen stammender Begriff für Frauenhass. *Misogynie* äußert sich beispielsweise in frauenfeindlichen Einstellungen, Handlungen und Aussagen.

Netzfeminismus

Der Begriff *Netzfeminismus* steht nicht für eine bestimmte feministische Position, sondern für feministischen Aktivismus im Internet, etwa auf feministischen Blogs oder in Form von Kampagnen in den sozialen Medien. In Deutschland wurde der *Netzfeminismus* vor allem durch den Hashtag *#Aufschrei* bekannt.

Ökofeminismus

Eine Unterströmung des *Differenzfeminismus*, die in den 1970er-Jahren entstand. Der *Ökofeminismus* geht davon aus, dass der weibliche Körper der Natur näher sei als der männliche, weil Frauen Kinder gebären können. In der Unterdrückung der Frau sieht der *Ökofeminismus* Gemeinsamkeiten zur Umweltzerstörung. Heute spielt der *Ökofeminismus* keine große Rolle mehr.

Patriarchat

Im wörtlichen Sinne bedeutet *Patriarchat* die »Herrschaft der Väter«. Der Begriff beschreibt eine Gesellschaftsform, in der Männer mehr Macht haben als Frauen, ein System, in dem das Männliche über dem Weiblichen steht. Um das Machtgefälle zwischen den Geschlechtern zu beschreiben, wird alternativ auch von einer »männlich dominierten Gesellschaft« oder »hegemonialer Männlichkeit« gesprochen.

Popfeminismus
Ein Feminismus, der die Mittel der Popkultur benutzt. Heute wird darunter oft eine Art Popstar-Feminismus verstanden: In den vergangenen Jahren habe sich viele Popstars, etwa Beyoncé, Taylor Swift und Miley Cyrus, als Feministinnen bezeichnet. Dieser mainstreamtaugliche *Popfeminismus* wird oft als zahm und inhaltsleer kritisiert.

Privilegien
Wer heterosexuell, weiß, cis-männlich, wohlhabend und ohne Behinderung ist, genießt in unserer Gesellschaft *Privilegien* und muss weniger Diskriminierungen fürchten als zum Beispiel eine schwarze Frau oder ein Transmann, der im Rollstuhl sitzt. Ein Privileg besteht darin, dass jemand aufgrund eines Merkmals wie zum Beispiel Geschlecht nicht systematisch benachteiligt wird. Eine privilegierte Person führt aber nicht automatisch ein sorgenfreies Leben.

Queer
Queer kann meinen, dass eine Person nicht heterosexuell ist, aber auch, dass eine Person sich nicht mit den Kategorien »Mann« und »Frau« identifiziert. *Queer* war im Englischen ursprünglich ein Schimpfwort, das sich gegen

schwule Männer richtete. Die *LGBT*-Community hat sich den Begriff angeeignet und positiv umgedeutet. Eigentlich heißt *queer* auf Englisch »schräg« und steht heute deshalb dafür, dass sich eine Person schräg zur binären Geschlechterordnung und/oder zur Heteronormativität verortet.

Queerfeminismus

Der *Queerfeminismus* ist eine heute prägende Unterströmung des Gleichheitsfeminismus. Er begreift nicht nur das soziale Geschlecht, sondern auch das biologische Geschlecht als gesellschaftlich konstruiert. Der *Queerfeminismus* betont die Vielgeschlechtlichkeit – dass es also mehr gibt als Männer und Frauen und dass auch nicht alle Angehörige eines Geschlechts die gleichen Erfahrungen machen: Eine kinderlose weiße Frau Mitte 50, eine lesbische Muslimin in einer Führungsposition und eine alleinerziehende, türkischstämmige Mutter, die keinen Job findet, erleben zwar alle Sexismus – aber auf eine sehr unterschiedliche Art und Weise.

Quote

Instrument, um den Aufstieg und die Teilhabe benachteiligter Gruppen zu fördern. In der deutschen Politik haben die Grünen als erste Partei eine Frauenquote eingeführt: Bei der Gründung 1980 wurde beschlossen, dass mindestens die Hälfte aller Mandate und Parteiämter weiblich besetzt sein sollen. In der Wirtschaft gilt in Deutschland nur für sehr wenige Posten eine Geschlechterquote von 30 Prozent, nämlich für die Aufsichtsräte börsennotierter und voll mitbestimmungspflichtiger Unternehmen.

Rape Culture

Wenn in einer Gesellschaft eine Kultur herrscht, die Vergewaltigungen und sexualisierte Gewalt ermöglicht, toleriert und verharmlost, wird von *Rape Culture* gesprochen: Opfern wird nicht geglaubt oder eine Mitschuld gegeben, Übergriffe werden heruntergespielt.

Sex

Das biologische Geschlecht wird mit dem Begriff *Sex* bezeichnet, in Abgrenzung zum sozialen Geschlecht *Gender*. Anhand von körperlichen Merkmalen wie Genitalien, Hormonen und Chromosomen wird das biologische Geschlecht bestimmt.

Sexismus

Der Begriff *Sexismus* wird unterschiedlich definiert. Einer Definition zufolge beschreibt er die Benachteiligung oder Diskriminierung eines Menschen aufgrund seines Geschlechts. Einer anderen Definition zufolge ist *Sexismus* das Zusammenspiel von geschlechtlicher Diskriminierung und Machtungleichheit. Nach diesem Verständnis kann es in unserer Gesellschaft keinen *Sexismus* gegenüber Männern geben, da sie strukturell mehr Macht haben als Frauen.

Sexpositiver Feminismus

Der *sexpositive Feminismus* entstand in der 1980er-Jahren als Antwort auf antipornografische Feministinnen, die Sexualität zwischen Männern und Frauen vor allem als Gewaltverhältnis beschrieben: Prostitution und Pornografie hatten für sie eine Schlüsselrolle in der Unterdrückung der Frauen. Dagegen betont der *sexpositive Feminismus*, wie wichtig es ist, dass Frauen ihre Sexualität frei leben können. Pornografie, Sexarbeit und auch mit Schmerzen oder Erniedrigung verbundene Sexualpraktiken gehören zu dieser Freiheit – solange alles freiwillig und selbstbestimmt geschieht.

Slut Shaming

Wenn Frauen für ihr angeblich zu ausschweifendes Sexualverhalten verurteilt werden, wird von *Slut Shaming* gesprochen. Auf Deutsch bedeutet der Begriff »Schlampen beschämen«. *Slut Shaming* ist Ausdruck einer gesellschaftlichen Doppelmoral, die Männern zugesteht, mit vielen Menschen Sex zu haben, Frauen aber nicht.

Slutwalk

Ob jemand Opfer einer Vergewaltigung oder einer sexuellen Belästigung wird, hat nichts mit dem Kleidungsstil zu tun. Doch immer wieder wird Betroffenen eine Mitschuld gegeben, weil sie zum Beispiel einen Minirock trugen und damit einen Übergriff provoziert hätten. *Slutwalks*, auf Deutsch »Schlampenmärsche«, sind Demonstrationen, die sich gegen diese Form des Victim Blamings wehren. Die Botschaft des Protests lautet: Die Schuld an einem Übergriff trägt immer der Täter, nicht das Opfer.

Trans

Die Vorsilbe *trans* signalisiert, dass ein Mensch sich nicht mit dem Geschlecht identifiziert, das ihm bei der Geburt zugeschrieben wurde. Eine Transfrau ist also eine Frau, der bei der Geburt zunächst das männliche Geschlecht zugeordnet wurde. *Trans* ist der Gegenbegriff zu *cis*.

Victim Blaming

Englischer Begriff für die Täter-Opfer-Umkehr, insbesondere bei sexualisierter Gewalt. Opfern wird die Schuld oder eine Mitschuld an einem Übergriff zugeschrieben, etwa weil sie betrunken waren oder knappe Kleidung getragen haben. Die Schuld des Menschen, der den Übergriff tatsächlich begangen hat, gerät aus dem Blick.

Quellen

Einleitung

1 https://en.wikiquote.org/wiki/Feminism
2 https://www.washingtonpost.com/news/monkey-cage/wp/2017/02/07/this-is-what-we-learned-by-counting-the-womens-marches/?utm_term=.ec31d59b2a61
3 https://www.eldiario.es/internacional/Argentina-enciende-huelga-feminista-paises_0_747526187.html
4 https://www.nzz.ch/international/ueber-fuenf-millionen-frauenstreiken-in-spanien-fuer-mehr-rechte-und-gegen-sexuelle-belaestigung-ld.1364375
5 https://www.emma.de/artikel/gesetzgebung-vorher-nachhher-265857
6 https://www.mz-web.de/panorama/gleichberechtigung-in-deutschland-alles-ganz-normal--23545178
7 http://www.bpb.de/gesellschaft/gender/frauen-in-deutschland/49418/frauenanteil-im-deutschen-bundestag
8 http://www.spiegel.de/gesundheit/schwangerschaft/pro-familia-zu-219a-aerzte-werden-bei-abtreibung-kriminalisiert-a-1181881.html
9 http://www.sueddeutsche.de/kolumne/derdiedas-blog-in-mathe-bin-ich-deko-1.1619167
10 http://www.gbe-bund.de/pdf/Faktenbl_Koerpergewicht_2013_14.pdf
11 http://www.gbe-bund.de/pdf/Faktenbl_koerperbild_diaetverhalten_2013_14.pdf
12 https://de.statista.com/statistik/daten/studie/6726/umfrage/diaet-erfahrung-bei-jugendlichen
13 http://www.bento.de/politik/feminismus-bei-h-m-c-a-monki-und-kauf-dich-gluecklich-richtig-oder-falsch-1356405

Kapitel eins

1 https://en.wikiquote.org/wiki/Feminism
2 https://www.the-efa.org/marie-shear
3 https://www.vox.com/conversations/2017/3/6/14761392/feminism-capitalism-socialism-patriarchy-jessa-crispin
4 https://www.freitag.de/autoren/juloeffl/die-menschheit-hatte-ihre-chance
http://www.sueddeutsche.de/leben/laurie-penny-im-interview-wir-brauchen-technische-alternativen-zur-schwangerschaft-1.2916697
5 Margret Karsch (2016): Feminismus. Geschichte – Positionen. bpb Schriftenreihe. Bonn. S. 12f
6 https://de.wikipedia.org/wiki/Feminismus
7 Patu/Antje Schrupp (2015): Kleine Geschichte des Feminismus im euro-amerikanischen Kontext. Unrast Verlag. Münster. S. 4.
8 https://www.tagesschau.de/wirtschaft/daxkonzerne-frauenanteil-101.html
9 http://www.faz.net/aktuell/wirtschaft/wirtschaftspolitik/vermoegensverteilung-deutschlands-reiche-sind-besonders-reich-12821483.html
10 https://www.oxfam.de/ueber-uns/aktuelles/2017-01-16-8-maenner-besitzen-so-viel-aermere-haelfte-weltbevoelkerung
11 http://www.faz.net/aktuell/feuilleton/das-heimatministerium-von-seehofer-ist-ein-maennerverein-15517227.html
12 https://pinkstinks.de/im-patriarchat-ist-niemand-sicher/
13 http://www.taz.de/!5166706
14 https://www.ardmediathek.de/tv/RESPEKT/Was-ist-Sexismus/ARD-alpha/Video?bcastId=47021626&documentId=55465344
15 https://www.emma.de/artikel/netter-sexismus-265458
16 https://www.rosalux.de/fileadmin/rls_uploads/pdfs/Argumente/lux_argu_9_Sexismus.pdf
17 https://www.spektrum.de/news/sexismus-ist-heute-subtiler/1186056
18 https://www.emma.de/artikel/netter-sexismus-265458
19 https://www.spektrum.de/news/sexismus-ist-heute-subtiler/1186056
20 http://www.haz.de/Nachrichten/Panorama/Uebersicht/Sexismus-ist-oft-nett-verpackt

21 Julia Korbik: Stand Up. Feminismus für Anfänger und Fortgeschrittene. Rogner und Bernhard, Berlin 2014. S. 42f.
22 Erklärungen zu den genannten Feminismen gibt es im Glossar auf den Seiten 174–186.
23 Darstellung Gleichheits- vs. Differenzfeminismus basierend auf folgenden Quellen: 1. Julia Korbik: Stand Up. Feminismus für Anfänger und Fortgeschrittene. Rogner und Bernhard, Berlin 2014. S. 146–154. 2. Margret Karsch: Feminismus. Geschichte – Positionen. bpb Schriftenreihe, Bonn 2016. S. 176–177.
24 Mehr dazu in Kapitel 3 »Geschlechter: Über die Kategorien ›Mann‹ und ›Frau‹«

Kapitel zwei

1 https://beruhmte-zitate.de/autoren/audre-lorde/
2 Wenn du mehr über die Geschichte des Feminismus erfahren willst, siehe Leseempfehlungen auf S. 172–173.
3 Michaela Karl: Die Geschichte der Frauenbewegung. Reclam, Stuttgart 2011. S. 10–12
4 Michaela Karl: Die Geschichte der Frauenbewegung. Reclam, Stuttgart 2011. S. 12
5 Sonja Eismann: Ene, mene, Missy. Die Superkräfte des Feminismus. Fischer, Frankfurt/Main 2017. S. 18–19.
6 https://www.vox.com/2018/3/20/16955588/feminism-waves-explained-first-second-third-fourth
7 Quellen Unterkapitel »1791«: Patu/Antje Schrupp: Kleine Geschichte des Feminismus im euro-amerikanischen Kontext. Unrast-Verlag, Münster 2015. S. 18–23. // Michaela Karl: Die Geschichte der Frauenbewegung. Reclam, Stuttgart 2011. S. 52–55.
8 Quellen Unterkapitel »1849«: Patu/Antje Schrupp: Kleine Geschichte des Feminismus im euro-amerikanischen Kontext. Unrast-Verlag, Münster 2015. S. 36–38. // Michaela Karl: Die Geschichte der Frauenbewegung. Reclam, Stuttgart 2011. S. 78–100.
9 Julia Korbik: Stand Up. Feminismus für Anfänger und Fortgeschrittene. Rogner & Bernhard, Berlin 2014. S. 116.
10 Michaela Karl: Die Geschichte der Frauenbewegung. Reclam, Stuttgart 2011. S. 78–79.
11 Patu/Antje Schrupp: Kleine Geschichte des Feminismus im euro-amerikanischen Kontext. Unrast-Verlag, Münster. S. 36.

12 Michaela Karl: Die Geschichte der Frauenbewegung. Reclam, Stuttgart 2011. S. 92–98.

13 Quellen Unterkapitel »1913«: Michaela Karl: Die Geschichte der Frauenbewegung. Reclam, Stuttgart 2011. S. 61–78; https://www.zeit.de/wissen/geschichte/2011-11/frauenwahlrecht-suffragetten-grossbritannien/komplettansicht#suffragetten-info-1-tab; https://www.br.de/radio/bayern2/sendungen/radiowissen/geschichte/suffragetten-frauenwahlrecht112.html; https://www.dw.com/de/suffragetten-der-lange-kampf-fuer-das-frauenwahlrecht/a-42318640

14 Julia Korbik: Stand Up. Feminismus für Anfänger und Fortgeschrittene. Rogner & Bernhard, Berlin 2014. S. 131.

15 https://www.deutschlandfunk.de/die-frauen-das-grundgesetz-und-die-gleichstellung.724.de.html?dram:article_id=97780

16 Michaela Karl (2011): Die Geschichte der Frauenbewegung. Reclam. S. 182.

17 Michaela Karl: Die Geschichte der Frauenbewegung. Reclam, Stuttgart 2011. S. 148.

18 Michaela Karl: Die Geschichte der Frauenbewegung. Reclam, Stuttgart 2011. S. 183–184.

19 Patu/Antje Schrupp: Kleine Geschichte des Feminismus im euro-amerikanischen Kontext. Unrast-Verlag, Münster 2015. S. 52–54.

20 Zu den Guerrilla Girls insgesamt: https://www.dw.com/de/die-guerrilla-girls-und-der-kampf-um-gleichbehandlung-in-der-kunstwelt/a-37783467; https://www.theguardian.com/artanddesign/2015/apr/29/the-guerrilla-girls-interview-art-world-sexism; speziell zum letzten Zitat: https://www.deutschlandfunkkultur.de/guerrilla-girls-ausstellung-in-hannover-die-kunst-sich.1013.de.html?dram:article_id=409141

21 https://www.thestar.com/news/gta/2011/02/18/cop_apologizes_for_sluts_remark_at_law_school.html

22 http://www.spiegel.de/panorama/gesellschaft/frauenprotest-schlampen-an-die-front-a-767985.html

Kapitel drei

1 https://www.welt.de/icon/partnerschaft/article177763770/Gender-Reveal-Wie-feiert-man-eine-Geschlechts-Enthuellungs-Party.html; https://www.brigitte.de/barbara/leben/gender-reveal-party--wenn-die-verkuendung-es-geschlechts-zelebriert-wird-11226078.html
2 https://www.fluter.de/think-different
3 https://www.youtube.com/watch?v=XnqfiIwg2gU
4 https://www.musikexpress.de/bei-tinder-stehen-jetzt-37-geschlechter-zur-wahl-712935
5 https://www.queer.de/detail.php?article_id=22227
6 https://www.uni-due.de/genderportal/lehre_erwachsenenbildung_doinggender.shtml
7 Raewyn Connell: Gender. Springer VS, Wiesbaden 2013. S. 12.
8 https://www.zeit.de/zeit-wissen/2007/01/Titel-Frauen-Maenner/komplettansicht
9 Raewyn Connell: Gender. Springer VS, Wiesbaden 2013. S. 90.
10 Thomas Gisborne (1797): An enquiry into the duties of the female sex. S. 21–22. Zitiert nach Cordelia Fine: Die Geschlechterlüge. Klett-Cotta Verlag, Stuttgart 2012. S. 15–16.
11 Nicolas Malebranche: The search after truth. Cambridge University Press, 1997. S. 130.
Cynthia Eagle Russett: Sexual science: The Victorian construction of womanhood. Harvard University Press, Cambridge 1989. S. 36.
Beides zitiert nach Cordelia Fine: Die Geschlechterlüge. Klett-Cotta Verlag, Stuttgart 2012. S. 24–25.
12 https://www.spektrum.de/news/die-neudefinition-des-geschlechts/1335086
13 https://www.fluter.de/dazwischen
14 https://www.zeit.de/gesellschaft/zeitgeschehen/2017-11/bundesverfassungsgericht-intersexualitaet-drittes-geschlecht-geburtenregister/komplettansicht
15 https://www.spektrum.de/news/die-neudefinition-des-geschlechts/1335086
16 Raewyn Connell: Gender. Springer VS, Wiesbaden 2013. S. 91.
17 https://www.zeit.de/zeit-wissen/2007/01/Titel-Frauen-Maenner/komplettansicht
18 https://de.wikipedia.org/wiki/Liste_der_Länder_nach_Körpergröße

19 Raewyn Connell (2013): Gender. Springer VS. S. 79.
20 Das bedeutet allerdings nicht automatisch, dass Männer von Natur aus besser sind. Es ist auch denkbar, dass sie die Fähigkeit häufiger im Alltag nutzen.
21 https://onlinelibrary.wiley.com/doi/pdf/10.1111/j.1471-6402.1994.tb00464.x, zitiert nach Cordelia Fine: Die Geschlechterlüge. Klett-Cotta Verlag, Stuttgart 2012. S. 69.
22 https://www.sciencedirect.com/science/article/pii S0193397307001244, zitiert nach Cordelia Fine: Die Geschlechterlüge. Klett-Cotta Verlag, 2012. S. 72–73.

Kapitel vier

1 https://www.theguardian.com/film/2015/jun/29/cara-delevingne-superhero-movies-are-totally-sexist
2 https://www.sueddeutsche.de/leben/sexismus-im-sport-helden-beklatscherinnen-1.4070610
https://www.sueddeutsche.de/kultur/sexismus-im-sport-glitzern-winken-maenner-schmuecken-1.4056570
3 https://www.sueddeutsche.de/leben/sexismus-im-sport-helden-beklatscherinnen-1.4070610
4 https://finallyfeminism101.wordpress.com/2007/08/26/faq-what-is-the-“male-gaze”/; https://tvtropes.org/pmwiki/pmwiki.php/Main/MaleGaze; https://theconversation.com/explainer-what-does-the-male-gaze-mean-and-what-about-a-female-gaze-52486
5 https://www.horizont.net/medien/nachrichten/tv-quoten-mehr-als-21-millionen-zuschauer-sehen-wm-finale-im-zdf-168422
6 https://orf.at/stories/2403433/2403432
7 http://www.quotenmeter.de/n/93409/quotencheck-germany-s-nexttopmodel
8 http://www.bronline.de/jugend/izi/deutsch/publikation/Fernsehen_Essstoerungen/Warum_seh_ich_nicht_so_aus.pdf, S. 83.
9 http://www.br-online.de/jugend/izi/deutsch/Grundddaten_Jugend_Medien.pdf, S. 28.
10 zitiert nach: https://www.sueddeutsche.de/medien/germanys-next-topmodel-auf-pro-sieben-heidi-sucht-den-schoensten-bus-1.2349204 und: http://www.taz.de/!5200650
11 zitiert nach: https://www.maedchen.de/stars/heidi-und-der-sport

12 http://www.br-online.de/jugend/izi/deutsch/publikation/televizion/28_2015-1/Goetz_Mendel-Der_Gedanke_zu_dick_zu_sein.pdf
13 http://www.br-online.de/jugend/izi/deutsch/publikation/televizion/28_2015-1/Goetz_Mendel_Malewski-Dafuer_muss_ich_nur_noch_abnehmen.pdf
14 https://www.bundesfachverbandessstoerungen.de/PM_Essstoerung_und_GNTM_2015_end.pdf
15 https://malisastiftung.org/studie-audiovisuelle-diversitaet/
16 https://annenberg.usc.edu/sites/default/files/Dr_Stacy_L_Smith-Inequality_in_900_Popular_Films.pdf
17 https://annenberg.usc.edu/sites/default/files/MDSCI_Gender_Roles_%26_Occupations_in_Film_and_Television.pdf
18 http://www.taz.de/!5501596
19 https://www.br.de/puls/themen/popkultur/frauen-in-hollywood-filmen-bechdel-test-100.html
20 Alison Bechdel selbst plädiert übrigens dafür, ihn in Bechdel-Wallace-Test umzubenennen. Denn ursprünglich waren die Regeln ein Witz von Liz Wallace, ihrer Trainingspartnerin beim Karate.
21 https://bechdeltest.com/view/8246/solo:_a_star_wars_story/
22 https://en.wikipedia.org/wiki/Bechdel_test#Tests_about_characteristics_other_than_gender; http://colorwebmag.com/2016/05/11/becoming-acquainted-disability-bechdel-test/
23 https://pinkstinks.de/negativ-beispiele
24 http://www.apa.org/news/press/releases/2015/07/sex-violence.aspx
25 https://pinkstinks.de/wp-content/uploads/2015/10/Almdudler_Maenner.jpg
26 http://www.faz.net/aktuell/wirtschaft/unternehmen/dr-oetker-veraergert-kunden-mit-motiv-zur-fussball-wm-15630172.html
27 https://pinkstinks.de/das-problem

Kapitel fünf

1 http://www.spiegel.de/kultur/gesellschaft/koerperbild-bei-frauen-fuer-mehr-dicke-maedchen-in-leggins-kolumne-a-1148907.html
2 https://www.huber-verlag.de/daten/newspool/file/16946/presse_tattoo_piercing.pdf
3 https://editionf.com/Weibliche-Schamhaare-Komplettrasur-bedenklich

4 https://www.instagram.com/p/BZd1cbNggu7/?taken-by=arvida-bystrom
5 https://www.swr.de/swr2/wissen/dicke-vorurteile/-/id=661224/did=11416562/nid=661224/e9bimj/index.html
6 https://missy-magazine.de/blog/2018/04/12/mein-fett-ist-politisch
7 https://thebodyisnotanapology.com/magazine/why-is-fat-a-feminist-issue
8 https://www.glamour.com/story/body-image-how-do-you-feel-about-your-body
9 https://www.rsph.org.uk/uploads/assets/uploaded/62be270a-a55f-4719-ad668c2ec7a74c2a.pdf
10 Magda Albrecht: Doppelkinn statt Doppelmoral. In: Missy Magazine 04/18. S. 52 (2018).
11 https://www.brigitte.de/mode/trends/-aerie-real---dieses-bademoden-label-wirbt-mit-unretuschierten-fotos--10916344.html
12 Laurie Penny: Fleischmarkt. Edition Nautilus, Hamburg 2012. S. 9.
13 https://www.br.de/puls/themen/leben/maennliche-schoenheitsideale-100.html
14 https://www.sueddeutsche.de/leben/diskussion-um-frauenkoerper-zu-dick-zu-duenn-zu-nackt-zu-angezogen-1.2954387
15 https://www.antidiskriminierungsstelle.de/SharedDocs/Downloads/DE/publikationen/Expertisen/Expertise_Preisdifferenzierung_nach_Geschlecht.pdf?__blob=publicationFile&v=5
16 https://www.zeit.de/2012/45/DOS-Schoenheitswahn/komplettansicht
17 Naomi Wolf: Der Mythos Schönheit. Rowohlt, Reinbek 1991. S. 13.
18 https://edoc.rki.de/bitstream handle/176904/557/20pyWvIPNYV52.pdf?sequence=1&isAllowed=y
19 http://www.gbe-bund.de/pdf/Faktenbl_koerperbild_diaetverhalten_2013_14.pdf
20 https://www.klicksafe.de/cms/upload/user-data/pdf/Pornografie/BRAVO_DrSommerStudie2009_Sperrfrist_2009-05-12_gr.pdf

21 https://www.bzga-essstoerungen.de/fileadmin/user_upload/medien/PDFs/Hoelling_Essstoerungen.pdf
22 Alle Zahlen: https://www.bzga-essstoerungen.de/wie-haeufig-sind-essstoerungen/
23 https://www.anad.de/essstoerungen/ursachen-essstoerungen/
24 Sonja Eismann: Ene, mene, Missy! Fischer Taschenbuch, Frankfurt/Main 2017. S. 83
25 https://www.schwarzwaelder-bote.de/inhalt.horb-zu-sexy-hotpants-verbot-an-schule-page1.1975710a-f907-46f8-85da-9ab39da22d42.html
26 https://www.schwarzwaelder-bote.de/inhalt.horb-zu-sexy-hotpants-verbot-an-schule.1975710a-f907-46f8-85da-9ab39da22d42.html
27 https://www.jetzt.de/gender/aerger-um-nippel-us-schuelerin-muss-brustwarzen-mit-pflaster-abkleben
28 Liv Strömquist: Der Ursprung der Welt. Avant-Verlag, Berlin 2017. S. 38.
29 Ebd., S. 34.
30 Ebd., S. 39.
31 Ebd., S. 66.
32 Ebd., S. 64–65.
33 Ebd., S. 74, 40.
34 Ebd., S. 79–80.
35 Ebd., S. 40.
36 http://www.taz.de/!5436858/
37 http://www.taz.de/!5429999/
38 Liv Strömquist: Der Ursprung der Welt. Avant-Verlag, Berlin 2017. S. 102.
39 https://www.srf.ch/kultur/gesellschaft-religion/tabu-menstruation-die-menstruation-soll-gefeiert-werden
40 https://www.zeit.de/2003/35/Stimmts_Menstruation
41 https://www.srf.ch/kultur/gesellschaft-religion/tabu-menstruation-die-menstruation-soll-gefeiert-werden
42 https://www.emma.de/artikel/die-scham-ist-vorbei-333265
43 Heike Kleen: Das Tage-Buch. Heyne, München 2017. S. 20–21.
44 https://www.vice.com/de/article/mv4wyq/diese-kuenstlerin-malt-mit-ihrem-menstruationsblut-335

45 https://ze.tt/die-kuenstlerin-die-mit-wolle-aus-ihrer-vagina-strickt-ist-wieder-da
46 http://www.spiegel.de/lebenundlernen/schule/karlsruhe-protest-mit-binden-wird-weltweites-phaenomen-a-1024616.html

Kapitel sechs

1 https://www.dw.com/de/marlies-kraemer-kaempferin-fuer-eine-weibliche-sprache/a-42954815
2 https://scilogs.spektrum.de/sprachlog/frauen-natuerlich-ausgenommen/; https://www.stuttgarter-zeitung.de/inhalt.gleichberechtigung-in-der-sprache-nur-wer-von-frauen-spricht-meint-sie-auch.39a3ca8e-d760-4eac-a9ad-c50ca1e64966.html
3 https://scilogs.spektrum.de/sprachlog/frauen-natuerlich-ausgenommen
4 http://www.deutschlandfunkkultur.de/generisches-femininum-an-der-universitaet-leipzig-herr.976.de.html?dram:article_id=343071
5 http://www.faz.net/aktuell/feuilleton/debatten/profx-als-geschlechtergerechte-sprache-fuer-professoren-13268220.html?printPagedArticle=true#pageIndex_2
6 https://scilogs.spektrum.de/sprachlog/frauen-natuerlich-ausgenommen
7 https://www.zeit.de/2018/23/gendern-sprache-schreibweise-deutsch-sprachzensur-nein/komplettansicht
8 http://www.spiegel.de/wirtschaft/service/marlies-kraemer-sparkassen-klaegerin-sammelt-fuer-verfassungsgerichtsklage-a-1200126.html

Kapitel sieben

1 https://www.azquotes.com/quote/945214
2 https://www.stern.de/lifestyle/leute/heidi-klum-und-tom-kaulitz--als-er-zur-schule-ging--modelte-sie-in-dessous-7917096.html
3 http://www.sowi.uni-mannheim.de/lssozpsych/forschung-erleben2/node/72
4 https://en.tiny.ted.com/talks/nina_dolvik_brochmann_and_ellen_stokken_dahl_the_virginity_fraud
5 https://www.stern.de/neon/magazin/purity-bewegung-in-den-usa--dear-lord--keep-her-pure--7389492.html#mg1_1539099864102

6 https://www.zeit.de/gesellschaft/2017-10/jungfraeulichkeit-afghanistan-ehe-tradition-fluechtlinge/komplettansicht

7 https://en.tiny.ted.com/talks/nina_dolvik_brochmann_and_ellen_stokken_dahl_the_virginity_fraud

8 Liv Strömquist: Der Ursprung der Welt. Avant-Verlag, Berlin 2017. S. 67ff.

9 https://www.jetzt.de/sex/untenrum-kolumne-vorgetäuschte-orgasmen

10 https://www.l-mag.de/news-1010/lesben-kommen-oefter.html

11 https://www.sueddeutsche.de/medien/flirtennachbravo-twitter-spottet-ueber-bravo-1.2566724

12 https://www.tagesspiegel.de/berlin/queerspiegel/studie-zur-homosexualitaet-die-akzeptanz-in-deutschland-ist-begrenzt/19243590.html

13 http://www.bpb.de/politik/hintergrund-aktuell/180263/24-jahre-homosexualitaet-straffrei

14 https://www.bundestag.de/dokumente/textarchiv/2017/kw26-de-ehe-fuer-alle/513682

15 https://www.fluter.de/ehe-fuer-alle-die-wichtigsten-fragen

16 http://kleinerdrei.org/2013/08/nicht-nur-schall-und-rauch/

17 https://www.badische-zeitung.de/liebe-familie/die-meisten-ehepaare-waehlen-den-namen-des-mannes--125817649.html

18 Liv Strömquist: Der Ursprung der Liebe. Avant-Verlag, Berlin 2018. S. 55ff.

19 https://www.br.de/radio/bayern2/sendungen/radiowissen/geschichte/frauenrechte-emanzipation-brd-ddr-100.html

20 Liv Strömquist: Der Ursprung der Liebe. Avant-Verlag, Berlin 2018. S. 59ff.

21 https://cusilife.de/ueber-polyamorie/, https://www.youtube.com/watch?v=UOHEGlESolY

22 https://en.wikipedia.org/wiki/Yes_Means_Yes

23 https://www.welt.de/vermischtes/article171720005/Schweden-Einverstaendnisgesetz-fordert-Frage-um-Erlaubnis-zu-Sexualkontakt.html

24 https://www.youtube.com/watch?v=oQbei5JGiT8

25 derstandard.at/1302745482803/dieStandardat-Interview-Assange-Debatte-hat-mich-erschuettert

Kapitel acht

1 https://www.woz.ch/1745/nina-power/die-linke-sieht-heute-aus-wie-eine-kriegerin-fuer-soziale-gerechtigkeit-die-keine
2 https://www.facebook.com/photo.php?fbid=10205122759785687&set=a.2832028136900&type=3&theater
3 https://www.bmfsfj.de/blob/84328/0c83aab6e685eeddc01712109bcb02b0/langfassung-studie-frauen-teil-eins-data.pdf, S. 65
4 Ebd., S. 68–69.
5 Ebd., S. 28.
6 Ebd., S. 91–92.
7 Ebd., S. 79.
8 https://www.bbc.com/news/entertainment-arts-41594672
9 https://twitter.com/Alyssa_Milano/status/919659438700670976?ref_src=twsrc%5Etfw%7Ctwcamp%5Etweetembed%7Ctwterm%5E919659438700670976&ref_url=http%3A%2F%2Fwww.spiegel.de%2Fpanorama%2Fjustiz%2Fharvey-weinstein-me-too-twitter-aufruf-von-alyssa-milano-a-1173042.html
10 http://www.spiegel.de/fotostrecke/metoo-vom-hashtag-zur-bewegung-fotostrecke-164246.html
11 https://www.dw.com/de/100-tage-metoo-ein-hashtag-rast-um-die-welt/a-42105088
12 https://twitter.com/robin_urban/status/920252163405897728
13 https://twitter.com/PolitinC/status/920541584936009728
14 https://twitter.com/rensaysthings/status/919762507174051842
15 https://twitter.com/LeandraColumb/status/919886346008834048
16 https://www.sueddeutsche.de/panorama/strafe-fuer-politikerin-ich-bin-erschuettert-1.4163508; http://www.spiegel.de/panorama/justiz/oesterreich-ex-politikerin-sigrid-sigi-maurer-zu-geldstrafe-verurteilt-a-1232335.html
17 https://www.sueddeutsche.de/kultur/sexualisierte-gewalt-der-mythos-der-falschen-beschuldigung-1.4166540
18 https://www.vox.com/2015/6/1/8687479/lie-rape-statistics
19 https://www.bmfsfj.de/blob/94200/d0576c5a115baf675b5f75e7ab2d56b0/lebenssituation-sicherheit-und-gesundheit-von-frauen-in-deutschland-data.pdf, S. 20, Fußnote 33.
20 https://www.bmfsfj.de/blob/84328/0c83aab6e685eeddc01712109bcb02b0/langfassung-studie-frauen-teil-eins-data.pdf, S. 78.

21 https://www.bmfsfj.de/blob/84328/0c83aab6e685eeddc01712109bcb02b0/langfassung-studie-frauen-teil-eins-data.pdf, S. 46.
22 http://www.who.int/en/news-room/fact-sheets/detail/violence-against-women
23 https://www.zeit.de/2018/41/beziehungstaten-ehrenmorde-frauenmorde-maennergewalt-familie?page=1

Kapitel neun

1 https://www.sueddeutsche.de/wirtschaft/gleichstellung-frauen arbeiten-mehr-und-verdienen-immer-noch-weniger-1.3553039
2 https://www.bibb.de/dokumente/pdf/naa309_2017_tab69_obund.pdf
3 http://www.studienwahl.de/de/chorientieren/frau-mann-studium.htm
4 https://www.bibb.de/dokumente/pdf/naa309_2017_tab69_obund.pdf
5 https://www.bibb.de/dokumente/pdf/naa309_2017_tab68_obund.pdf
6 http://doku.iab.de/kurzber/2014/kb0914.pdf
7 http://www.studienwahl.de/de/chorientieren/frau-mann-studium.htm
8 Ebd.
9 https://www.zeit.de/arbeit/2018-06/gehaltsunterschiede-frauenberufe-loehne-gender-pay-gap
10 Zitiert nach: http://homes.sice.indiana.edu/nensmeng/files/Ensmenger2010-MPM.pdf, S. 115.
11 https://www.zeit.de/arbeit/2018-06/gehaltsunterschiede-frauenberufe-loehne-gender-pay-gap; https://www.nytimes.com/2016/03/20/upshot/as-women-take-over-a-male-dominated-field-the-pay-drops.html
12 http://www.spiegel.de/karriere/frauen-in-der-it-die-ersten-programmierer-waren-weiblich-a-847609.html
13 https://www.sueddeutsche.de/wirtschaft/sexismus-im-silicon-valley-google-entwickler-fuer-antifeministisches-manifest-gefeuert-1.3619145
14 https://www.nytimes.com/2016/03/20/upshot/as-women-take-over-a-male-dominated-field-the-pay-drops.html
15 https://www.equalpayday.de/ueber-epd

16 http://www.spiegel.de/wirtschaft/unternehmen/birkenstock-frauen-bekamen-weniger-lohn-als-maenner-a-1022162.html
17 http://www.spiegel.de/karriere/gehaltsforderungen-von-frauen-weniger-erfolgreich-a-1111233.html
18 https://www.cfa.harvard.edu/cfawis/bowles.pdf
19 http://www.spiegel.de/karriere/gleichstellungsbericht-frauen-leisten-oft-mehr-als-maenner-a-1153199.html
20 https://www.zeit.de/arbeit/2018-06/gehaltsunterschiede-frauenberufe-loehne-gender-pay-gap/komplettansicht
21 https://www.handelsblatt.com/unternehmen/beruf-und-buero/the_shift/management-knapp-ein-drittel-der-fuehrungskraefte-in-deutschland-sind-frauen/23105500.html?ticket=ST-1375845-6ZoIlXYQf4x4zWjSBiGg-ap2
22 https://www.zeit.de/2016/16/chancengleichheit-frauen-wissenschaft-foerderung-gleichberechtigung/seite-2
23 https://bildungundgutesleben.wordpress.com/2013/06/22/der-glaserne-aufzug-ein-feministisches-analyseinstrument-herausgearbeit-unter-anderen-am-beispiel-bibliotheken/
24 https://derstandard.at/1376534104753/Mit-den-Augen-hoert-es-sich-besser
25 https://www.zeit.de/gesellschaft/zeitgeschehen/2015-03/frauenquote-bundestag-gesetz
26 https://www.boeckler.de/51985.htm
27 http://www.taz.de/!5386499/, https://www.bmfsfj.de/blob/122398/51b4d41d23dcf739208c667cc7681dd1/zweiter-gleichstellungsbericht-der-bundesregierung-eine-zusammenfassung-data.pdf
28 https://www.destatis.de/DE/Publikationen/Thematisch/EinkommenKonsumLebensbedingungen/Zeitbudgeterhebung/TagungsbandWieDieZeitVergeht5639103169004Kap06.pdf?__blob=publicationFile

Kapitel zehn

1 http://www.wildmohnfrau.at/feministischeZitate.html
2 https://www.zeit.de/2009/08/Abgetrieben-Paar-08/seite-2
3 http://www.bpb.de/politik/hintergrund-aktuell/201776/1975-streit-um-straffreie-abtreibung
4 https://dejure.org/gesetze/StGB/218.html

5 https://dejure.org/gesetze/StGB/218a.html
6 https://dejure.org/gesetze/StGB/219.html
7 https://www.sueddeutsche.de/kultur/gleichberechtigung-kann-es-gleichberechtigung-ohne-das-recht-auf-abtreibung-geben-1.3436601-2
8 https://www.tagesschau.de/inland/kontraste-abtreibung-103.html
9 https://www.deutschlandfunk.de/aerztin-kristina-haenel-leichtfertige-abtreibungen-gibt-es.694.de.html?dram:article_id=425368
10 https://www.zeit.de/politik/deutschland/2014-02/pille-danach-rezeptpflicht-debatte-bundestag/komplettansicht
11 https://www.zeit.de/karriere/2015-04/familie-beruf-frankreich-muetter; http://www.slate.com/blogs/xx_factor/2016/06/28/in_germany_admitting_maternal_ambivalence_is_still_a_really_big_deal.html?via=gdpr-consent
12 https://bibliothek.wzb.eu/pdf/2013/p13-002.pdf, S. 58
13 Ebd., S. 64
14 http://www.spiegel.de/karriere/elternzeit-immer-mehr-vaeter-in-deutschland-beziehen-elterngeld-a-1154623.html
15 https://www.zeit.de/2014/23/zweimonatsvaeter-elternzeit
16 https://www.boeckler.de/40586.htm
17 https://bibliothek.wzb.eu/pdf/2013/p13-002.pdf, S. 61
18 http://www.taz.de/!5508715
19 https://stellenmarkt.faz.net/karriere-lounge/fuehrung/karriere-trotz-kind/
20 https://www.zeit.de/wirtschaft/2018-07/brueckenzeit-muetter-familie-kind-beruf-rueckkehr-teilzeit-vollzeit
21 https://www.sueddeutsche.de/politik/meinung-am-mittag-gebt-alleinerziehenden-die-chance-zu-arbeiten-1.4079193

Kapitel elf

1 http://www.fr.de/politik/gender/feminismus/rassismus-und-frauenrechte-rechten-feminismus-gibt-es-nicht-a-381803
2 https://alicegreschkow.com/2016/04/25/hm-kills-feminism/
3 http://us.asos.com/monki/monki-feminist-beanie/prd/9163359
4 https://www.monki.com/we-are-monki/monki-thinks/periods-are-cool-period

5 https://www.whowhatwear.co.uk/acne-feminist-collection
6 https://www.telegraph.co.uk/women/womens-life/11312629/Femvertising-Advertisers-cash-in-on-feminism.html
7 https://www.youtube.com/watch?v=1iksaFG6wqM
8 https://www.telegraph.co.uk/women/womens-life/11312629/Femvertising-Advertisers-cash-in-on-feminism.html
9 http://www.loreal.de/gruppe/unternehmensführung/vorstand
10 https://www.audi.com/corporate/de/unternehmen/unternehmensleitung/vorstand.html
11 http://www.bento.de/politik/feminismus-bei-h-m-c-a-monki-und-kauf-dich-gluecklich-richtig-oder-falsch-1356405
12 http://trustthegirls.org/2017/03/angezogen-und-angelogen
13 https://cleanclothes.org/news/2018/06/01/new-research-unveils-gender-based-violence-in-h-m-and-gap-garment-supply-chains
14 https://broadly.vice.com/de/article/bmw993/kuendigung-waehrend-der-schwangerschaftalltag-fuer-viele-naeherinnen-bei-hm
15 https://qz.com/india/516038/report-most-of-hms-best-factories-in-bangladesh-still-dont-have-working-fire-exits
16 https://www.zeit.de/karriere/bewerbung/2016-09/anonymisierte-bewerbung-frauen-kopftuch-jobs-diskriminierung
17 http://www.spiegel.de/kultur/gesellschaft/angela-mcrobbie-ueber-sexismus-feminismus-sheryl-sandberg-a-900448.html
18 https://www.telegraph.co.uk/news/2017/08/22/hollywood-bollywood-gender-pay-gap-revealed-highest-paid-actress/
19 https://www.zeit.de/wirtschaft/unternehmen/2017-01/gleichstellung-frauen-vorstand-dax-unternehmen-arbeits markt
20 https://www.verfassungsschutz.de/de/aktuelles/zur-sache/zs-2016-001-maassen-dpa-2016-08
21 Benannt ist die Kampagne nach der Lautstärke eines Taschenalarms, ohne den sich Frauen aus Angst vor Übergriffen angeblich nicht mehr aus dem Haus trauen.
22 Das Zitat stammt aus der Beschreibung des Videos, um das es im folgenden Absatz geht.
23 https://www.youtube.com/watch?v=FSXphiFknyQ

24 https://www.neues-deutschland.de/artikel/1078118.frauenbewegung-von-rechts-dezibel-die-rechte-antwort-auf-metoo.html
25 https://uebermedien.de/16589/die-unheimliche-sorge-der-rechten-um-unsere-frauen
26 https://www.zeit.de/gesellschaft/zeitgeschehen/2015-10/feminismus-fluechtlinge-dare-the-impossible

Kapitel zwölf

1 https://www.sueddeutsche.de/politik/zitate-aus-jahren-spd-freiheit-und-leben-kann-man-uns-nehmen-die-ehre-nicht-1.1674180-2?sdeawesome=true
2 http://www.unwomen.org/en/news/stories/2014/9/emma-watson-gender-equality-is-your-issue-too
3 https://www.independent.co.uk/news/people/emma-watson-was-encouraged-not-to-use-the-word-feminism-during-un-heforshe-speech-a6756796.html
4 http://www.fr.de/kultur/frauenrechte-schluss-mit-der-tyrannei-des-mannes-a-584234

Kapitel dreizehn

1 http://gutenberg.spiegel.de/buch/die-antifeministen-4774/1
2 https://www.youtube.com/watch?v=X6p5AZp7r_Q
3 http://www.taz.de/!5458965/; https://de.wikipedia.org/wiki/Anita_Sarkeesian
4 http://www.spiegel.de/spiegel/soziale-netzwerke-frauen-schlaegt-oft-der-blanke-hass-entgegen-a-1134145.html
5 https://www.zeit.de/zeit-magazin/2018/40/laurie-penny-feministin-drohung-internet-rettung
6 https://www.theguardian.com/world/2013/may/29/nine-lessons-suffragettes-feminists
7 Ebd.
8 http://www.bpb.de/apuz/267942/frauenfeindlich-sexistisch-antifeministisch-begriffe-und-phaenomene-bis-zum-aktuellen-antigenderismus?p=all
9 Ebd.
10 Ebd.

Kapitel vierzehn

1 https://www.bustle.com/p/12-feminist-quotes-to-put-on-your-womens-march-signs-31818

Das Quellenverzeichnis ist auch online abrufbar unter https://www.carlsen.de/taschenbuch/carlsen-klartext-feminisus/96191